最新脳研究でわかった
子どもの脳を傷つける
親がやっていること

友田明美

SB新書
676

はじめに

子どもに対する避けたいかかわり「マルトリ」

私が小児精神科医となってから、すでに37年が経ちます。この間、臨床の現場で多くの傷ついた子どもたちと、その親たちに向き合ってきました。その経験を通して、確信を持って言えることが一つあります。

子どもの成長は、遺伝だけで決まるものではなく、環境要因も大きく影響します。子どもはその経験を通じて、良くも悪くも変わっていきます。マルトリートメント（以下、マルトリ）を経験することで、定型発達の子どもが非定型発達へと変わることがあります。また、逆にマルトリをなくすことで、非定型発達の子どもが定型発達に戻ることも確認されています。

マルトリとは、虐待やネグレクトに限らず、「子どもへの避けたいかかわり」を指す総称です。マルトリを経験すると、こころの傷（トラウマ）が生じ、認知の障害（IQ低下）、健康に害を及ぼす行動（薬物やアルコール依存）やさまざまな疾病リスクが高まり、最終的には早世につながる可能性があります。子ども時代に受けた虐待やネグレクトといったマルトリの経験は（たとえ、しつけの名のもとに行われたものであっても）、脳の構造や愛着（アタッチメント）形成に神経生物学的な影響を与え、成人後の生きづらさにつながっていきます。マルトリが最も影響を与えるのは幼少期であるため、妊娠期からの切れ目のない親への早期支援が重要です。

子どもへの虐待やネグレクトが確認されたとしても、今は親を加害者として終わらせる時代ではありません。公の空間にいる支援者と私的な空間にいる子育て家庭との隔たりを縮め、子育てが困難な家庭の子どもにしっかりと向き合いながら、親に寄り添うことが重要です。信頼関係を築きながらサポートを進め、多様な機関と連携して支援へとつなげていくことが求められます。

マルトリは子育て困難な家庭からのSOSと理解すべき

マルトリは、子育てに深くかかわっており、場合によっては愛着（アタッチメント）障害を引き起こすことがあります。これにより、指示が通りにくい、育てにくい子ども（非定型発達）につながる可能性もあります。

愛着障害を持つ子どもは、怒られたときに固まってしまうだけでなく、褒められたときにも同じように固まり、素直に喜べないことがあります。これは、脳内でご褒美と感じる神経伝達物質ドーパミンが出にくくなっているためです。ドーパミンが不足すると、目標に向かって行動するエネルギーが湧かなくなります。

しかし、愛着障害のある子どもでも、脳が完全にダメだと諦める必要はありません。むしろ、通常以上に「褒め育て」が必要だということを示唆しています。時間がかかっても、根気よく褒めて育てることで、脳は必ず回復します。

また、今の時代は、子どもを褒めるだけでなく、親自身もたくさん褒められることが大切です。なぜなら、マルトリが繰り返される家庭では、親世代も過去にマルトリを経験していることが少なくありません。そのため、親自身が褒められた経験が少なく、どのように子どもを褒めればよいのかわからないことがあるからです。だからこそ、親への「褒め育て」が非常に重要なのです。私たちは、マルトリの連鎖を断ち切り、褒め育ての連鎖を作っていく必要があるのです。

サイエンスは、世の中の見方を変える

私はこの信念を胸に、これまで得た研究成果を国内外に発信し続けています。脳科学の観点から子どものこころの発達を研究する試みは、まだ始まったばかりで、発展途上にあると言えるでしょう。それでは、これが一体何を意味するのでしょうか？　それは優れた科学なのでしょうか？　あるいは、そうではないのでしょうか？　私が本書で伝えたいのは、読者に「アクション」を促すエビデンスです。

本書を手にした子育て中の方も、そうでない方も、子どもが安心して養育者のもとで成長することの重要性について、理解を深めていただければと思います。そして、次世代を担う子どもたちを社会全体で守り、育てていきましょう！

もちろん、科学だけでは解決できない問題もたくさんあります。しかし、科学が示す知見を多くの人に知ってもらうことは、大人による子どもへの不適切なかかわりを抑制

することにつながると私は信じています。その信念をもとに、本書を記します。

友田明美

最新脳研究でわかった子どもの脳を傷つける親がやっていること　目次

第二章　マルトリが子どもに与える悪影響

第三章　傷ついた脳を癒やし、マルトリを予防する

終章　親も子も幸せな子育てに向けて

序章

子どもの脳を伸ばすも傷つけるも育て方次第

育て方次第で子どもの脳の発育に影響が出る

子どもにたくさん体験をさせ、脳に刺激を与えて、天才に育てよう。そんな趣旨の言葉をよく耳にします。実際、柔軟な子どもの脳は、良い刺激を受けてぐんぐん成長していきます。

生まれたばかりのときは400gほどである脳は、驚くべきスピードで成長をし、2年で倍近く、10歳で大人とほぼ同じ重さになります。このくらいの時期までにできるだけ多くの経験をさせておこうというのは脳科学的にも一理あると言えます。

一方で、子どもの脳はとても傷つきやすいです。過度なストレスによって、物理的に傷つくことがあるのです。親の育て方によっては（あえてこういう書き方をしますが）、健全に発達することができず、変形することもあります。

この衝撃的な事実を知ったのは、もう10年以上前のことです。

小児精神科医として日々子どものこころのトラブルに向き合う中で、子どものこころが傷ついている背景には、少なからず家庭の問題があることはわかっていました。一つは虐待、いえ、この言葉では強すぎるなら「不適切な養育」です。しつけと称した体罰や、子どもの人格を否定するような暴言、仕事に熱中して子どもを無視しているなどにより、子どもの安心・安全を脅かす環境がありました。かといって、そうした親に対し「あなたがやっていることは不適切だからやめてください」と言って問題が解決するわけではありません。ほとんどの親は、自分のやっていることが間違っているとは思っていません。それどころか、良かれと思って、必要なことだと思ってやっているのです。あるいは、自分自身の生い立ちの中で親にされてきたことを繰り返しています。他のやり方がわからないのだから、そうするのが当たり前といえばそうなのかもしれません。ですから、親に指摘をして行動を変えさせようとするのではなく、親自身のストレスや不安、思い込みといったものにも向き合い、よりよい子育てができるよう支援していくことが大切なのです。

目の前の子どものこころの病を治そうとするだけではなく、家族全体に寄り添うことが必要なのだという確信はありましたが、目に見えないこころを扱っているためか、家族や周囲の理解が得られないことも少なくなく、もどかしい思いもしてきました。

こころの傷を、見ることはできないだろうか。こころはとらえどころがないように感じますが、科学的に見たとき、こころは「脳にある」と言えます。喜怒哀楽といった感情はもちろん、ものの見方や考え方、日々の行動のもととなる判断などを支配しているのは脳です。

私はアメリカ・ハーバード大学医学部精神科学教室のマーチン・タイチャー氏とともに、厳しい体罰などの不適切な養育が脳に与える影響について研究を行いました。その結果、子どもの頃に受けた過度なストレスが脳の構造を変形させることを発見したのです。

さらに、体罰や暴言、性的虐待、ネグレクトといった幼少期の虐待の種類によって、脳の中でダメージを受ける部位が異なることも明らかになりました。

この研究を機に、私は臨床の現場で子どものこころに向き合いながら、子どもの脳についての調査と研究を続けています。研究内容はオタク的かもしれませんが、地道に一つひとつの事例を調べ、科学的なエビデンスを積み上げているところです。

他人事ではないマルトリ

本書では、さまざまな研究や事例を用いながら、むやみに子どもの脳を傷つけないようにするために、マルトリートメント（マルトリ）を予防する観点から話を進めたいと思います。

マルトリートメントとは、大人から子どもへの「避けたいかかわり」のことです。Maltreatment は treatment（扱い）に接頭語の mal（悪い）がついた言葉で、「不適切な養育」と訳すことができます。ただ、「不適切な養育」という表現は上から目線であまり良くないと感じており、「避けたいかかわり」と言っています。

ＷＨＯ（世界保健機関）の「チャイルド・マルトリートメント」の定義では、18歳未満の子どもに対するあらゆる身体的・心理的・性的虐待とネグレクトを含み、子どもの心身の健康・発達・対人関係などに害をもたらすこととされています。虐待とほぼ同義ですが、「子どものこころと身体の健全な成長・発達を阻む養育」全般を指している、より広い概念だと考えられます。

いわゆる「虐待・ネグレクト」を含むけれども、虐待とは言い切れない「避けたいかかわり」をも広く包括してマルトリートメントと呼ぶのだとご理解ください。

近年、私はマルトリートメントを略して「マルトリ」という言葉を使っています。この言葉を使うことで、「マルトリ」を自分事として身近に感じてもらえるのではないだろうかという想いのもと、診療や講演などでお話ししています。子育てに困難を感じている親御さんが、気軽に相談し、支援を受けられることが何よりも大事だからです。

「虐待」という言葉は非常に重く、特別な家庭でのみ起こるものと捉えられがちです。そのため、「自分には関係ない」「さすがにそこまではやっていない」と感じる大人が大半だろうと思います。たとえ、しつけとして子どもを叩くなど、望ましくないかかわりをしていたとしても、「お母さん、あなたがやっていることは虐待です」なんて言われたら、親御さんは大きなショックを受けるでしょう。「これは私たちの問題なので、放っておいてください」とこころを閉ざし、支援を拒んでしまうかもしれません。責めるような言葉をかけてもいいことはなく、何の解決にもなりません。

私の診察室には、親御さんが「どうしたらいいかわかりません」と涙ながらに相談に来られます。本人も好きでやっているわけではないのです。マルトリは子育てのSOSのサインでもあります。

マルトリは誰にでも起こり得るものです。私自身の子育ての中でも、思い返すとそのような行動をとってしまったことは多々ありますし、いつも実感を込めてそうお話ししています。

ただし、「マルトリは軽いもの」「マルトリならOK」ということではありません。あとで詳しくお話ししますが、マルトリは子どもの脳を傷つけ、将来にわたって悪影響を及ぼします。

また、マルトリは親や祖父母といった直接の養育者に限った概念ではありません。保育や学校の現場をはじめ、子どもにかかわるすべての大人からの「避けたいかかわり」を指しています。たとえば、保育士が泣いている園児を放置することや、部活の指導者が子どもに水を飲ませずに運動させること、習い事の先生が子どもに暴言を浴びせることなども、マルトリに該当します。

たとえそれが子どものためだと思ってやっていることでも、また、子どもに目立った外傷や精神的な症状が見られなくても、行為そのものが不適切であれば、それはマルトリだと言えます。

児童相談所のマルトリ対応件数は右肩上がり

2024年6月に発表された合計特殊出生率（2023年）は1・20と、統計を取り始めて以降最低水準となりました。8年連続で前年度を下回っており、国が少子化対策を

図1　児童相談所における児童虐待相談対応件数の推移

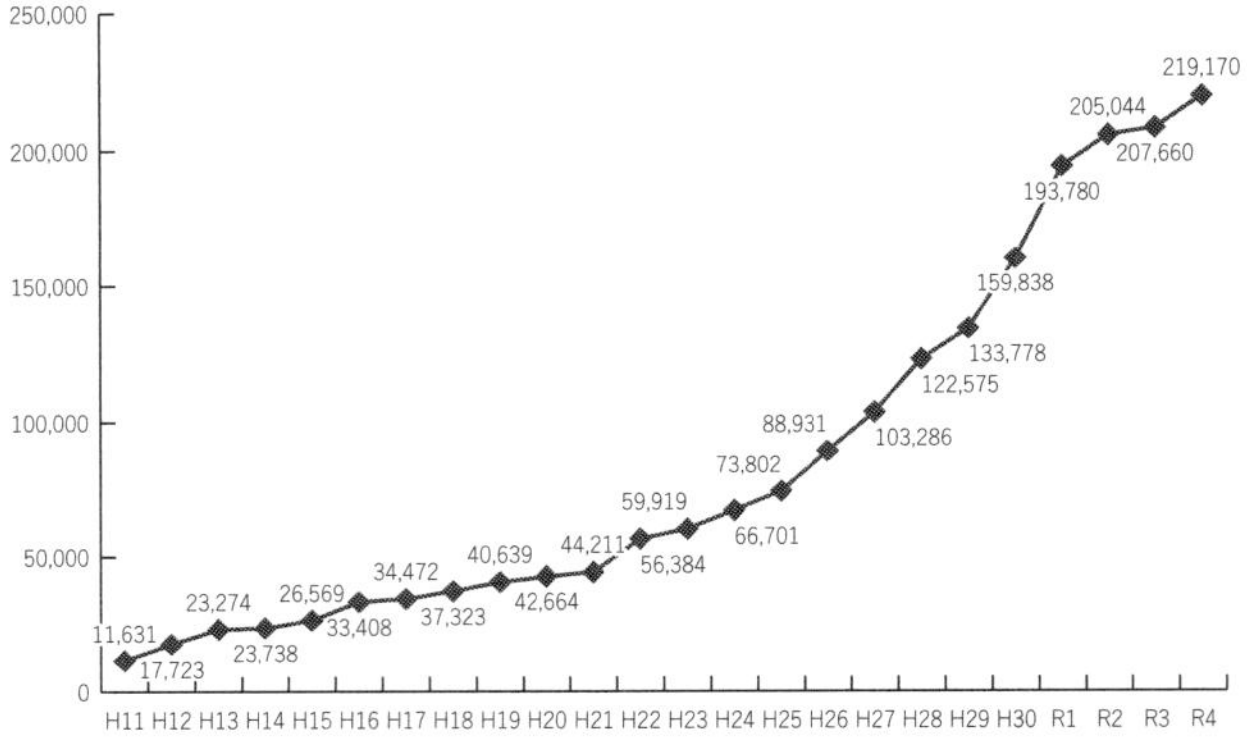

あれこれ打ち出しているにもかかわらず歯止めがかからない状況です。

　その一方で、「児童虐待」が増え続けているというデータがあります。令和４年度の児童相談所における児童虐待相談対応件数は21万９１７０件。グラフを見るとわかる通り、右肩上がりに増えています。

　これだけ虐待対応件数が増加している理由の一つは、社会全体が子どもの人権を意識するようになり、虐待に気づくようになったことが挙げられます。かつては、「虐待」といえば殴る、蹴るといった身体的虐待が主にイメージされていました。子どもにあざが頻繁にできているなど、明らかな虐待の痕跡があった場合のみ、ようやく通告されるというのがほとんどでした。いまでは暴言や、親同士のＤＶ（家庭内暴力）を目撃するなどの心理的虐待への対応がかなり増え、全体の約6割を占めています。以前は虐待と認識されなかったり、気づかれなかったりしていた事例も、通告されるようになっているのです。

虐待はエスカレートしやすいため、周囲の人々が早めに気づき、児童相談所が介入することで、虐待の深刻化を防ぐ歯止めにはなっているはずです。

虐待による死亡事例は、統計を取り始めてピークだった２００６〜２００８年頃に比べて減少しています。ただし、年間で約50人の子どもが虐待によって命を落としており、依然として深刻なケースも多いことがうかがえます。確かに、虐待の通告は早くなっていますが、まだまだ氷山の一角に過ぎないと言えるでしょう。

もう一つの要因として、子育てに困難を感じる人が増えていることが推察できます。都市化や核家族化が進んだ現代の日本では、子育てが「孤育て」になりがちです。周囲からの支援や協力を得るのが難しい状況では、親は子育ての責任を一身に抱え込み、ホッとする暇もありません。問題が起きたときも、孤立した状態ではそれを抱え込んでしまい、追い詰められてしまうこともあります。

さらに、２０１９年末からの「コロナ禍」は家庭の孤立化を一層強めました。休校措置がとられたとき、私の研究室ではいち早く家庭でのストレスについて調査しましたが、休校中の養育ストレスは有意に増加しており、特に母親のストレスは非常に高い水準に達していました。コロナ禍が過ぎ去った今もなお、子育てが「孤育て」になりがちな環境は変わっていません。

こうした社会状況の中で、育児不安はますます高まっています。虐待に対する意識が高まり、早めに気づくようになったというポジティブな面はあるものの、やはり深刻に受け止めるべき問題だと考えます。

子育てに対する不安が大きい社会では、少子化が進むのも無理はないでしょう。

教育熱心な親ほど、子どもの成長を阻害しているかもしれない

近年、「教育虐待」という言葉をよく耳にするようになりました。これは、親が子どもに過度な期待をかけたり、強いプレッシャーを与えて勉強を強要し、結果として子どもに苦痛を与える行為を指しています。メディアで話題になるような極端な例ではないにしても、子どもにかなりのストレスを与えているケースは少なくないように思います。

教育熱心な親が、「高いレベルの学校に進学してほしい」「優秀な成績を収めてほし

い」と期待し、子どもがその期待に応えられないときに叱責したりすれば、それはマルトリと言って差し支えありません。

親は「子どものためを思って良かれと思ってやっている」と感じることがあるかもしれません。でも、子どもの能力を高めたいと思って発破をかけているつもりが、まったくの逆効果になってしまったらどうでしょうか。

たとえば、「こんな問題も解けないなんてどうしようもないバカだ」「勉強ができないおまえには価値がない」といった言葉を繰り返し使って子どもを追い詰めると、子どもの脳の「聴覚野」にダメージを与えてしまう可能性があります。聴覚野は言語にかかわる領域で、人の話を聞いて理解したり、会話をしたりする際に重要な役割を果たす鍵を握っています。この部分が変形することで、人の話を聞いて理解することが難しくなり、コミュニケーションが苦手になってしまうかもしれません。

本来なら健やかに成長できたはずの脳が、言葉の暴力によって傷つけられ、成長を妨げられてしまうのです。

親の脳も傷ついている

子どもの脳から始まった私の研究は、現在では「養育者の脳」にまで広がっています。私たちの脳は、さまざまなストレスによって傷ついています。特に子どもの脳は傷つきやすいですが、大人の脳も同様に影響を受けます。

たとえば普通のお母さんでも、周囲の協力が得られず孤独に子育てを頑張っている中で、育児ストレスや不安な気持ちが強まったとき、感覚処理能力が低下することがわかっています。感覚処理能力が低下すると、赤ちゃんの泣き声などの感覚刺激に対して反応しなかったり、逆に過剰に反応するといったことが起きます。

このような脳の状態が、マルトリを引き起こす可能性も推察できるのです。

こうした研究結果をもとに、マルトリを予防するための具体的な策を考えていきたいと思っています。

無知は罪である

マルトリはすべての親が経験することであり、マルトリをしてしまった親を責める気持ちはまったくありません。ただ、「無知は罪」であると考えています。「マルトリなんて知らない、自分には関係ない」と目をつぶり、知らずに子どもの脳とこころを傷つけ続けることはあってはならないし、許されるべきでもありません。

「またやってしまった」と思ったら、次は同じことを繰り返さないように気を付ければいいのです。もしコントロールできないと感じたら、専門家に相談することをおすすめします。脳を癒やすことで、改善します。

そう、傷ついた脳は修復できるのです。私たちは希望を持って、科学的研究に取り組んでいます。

それでは次章から、具体的なマルトリと、そのマルトリストレスが脳に与える影響について詳しく見ていきましょう。

第一章

日常に潜むマルトリ

日常に潜む4つのマルトリ

児童虐待は４つに分類されます。それぞれどのような行為が虐待にあたるとされているか、こども家庭庁の例示を見てみましょう。

①身体的虐待

殴る、蹴る、叩く、投げ落とす、激しく揺さぶる、やけどを負わせる、溺れさせる、首を絞める、縄などにより一室に拘束する　など

②心理的虐待

言葉による脅し、無視、きょうだい間での差別的扱い、子どもの目の前で家族に対して暴力を振るう、きょうだいに虐待行為をする　など

③ネグレクト

家に閉じ込める、食事を与えない、ひどく不潔にする、自動車の中に放置する、重い病気になっても病院に連れて行かない　など

④性的虐待

子どもへの性的行為、性的行為を見せる、性器を触るまたは触らせる、ポルノグラフィの被写体にする　など

マルトリもこれらに準じた、より包括的な「避けたいかかわり」としてご理解いただければと思います。

先に述べた通り、「虐待」という言葉を聞くと「自分には関係ない」と思ってしまう人が多いですが、実際にはマルトリにまったく無関係な家庭などありません。子どもの脳を傷つける恐れのあるマルトリは、ごく普通の家庭の日常に潜んでいると言えるでしょう。

この章では、４つのマルトリについて、具体的な例を挙げながら詳しく見ていきたいと思います。

こんなことも身体的マルトリにあたる

- □部屋に閉じ込めて外に出られないようにする
- □寒い季節に戸外に締め出す
- □子どもに反省をさせるために、長時間立たせておいたり、正座をさせておいたりする
- □子どもが約束を守れなかったときなど、罰として食事を抜いたり、飲み物を与えなかったりする
- □食べ残しは禁止しているため、子どもが「おなかいっぱい」だと言っても無理やり食べさせる
- □子どもが体調不良を訴えても無理やり学校や塾に行かせる
- □子どもに不要な検査、投薬、治療を繰り返す

体罰は百害あって一利なし

私の診察室を訪れる方々を見ていると、誰も子どもを痛めつけようとしているわけではないと感じます。子どもを叩いてしまう人の多くは、「この子が社会に出て困らないように、しつけのためにやっている」と言います。それは彼らの本心だと思います。

日本では「しつけのために叩くのはやむを得ない」という考えが根強く、大人が子どものお尻や頭を叩くなどの「体罰」が広く行われてきました。身体の痛みを与えることで悪い行動を正し、導こうとする論理です。かつては、布団叩きでお尻を叩くといったことも、「しつけのため」と言って容認されてきたのです。私も子どもの頃は父親に布団叩きでお尻を叩かれたことがあります。

しかし、現代では体罰は容認されなくなっています。

国際的には、1979年にスウェーデンが初めて法律で体罰を禁止して以降、世界中で体罰を全面的に禁止する国が増えています。日本はかなり後れをとって、2020年4月に施行された児童福祉法等改正法により、59カ国目の体罰禁止国となりました。

たとえ「しつけのため」と思っても、身体に痛みや苦痛を与える行為や不快感をもたらす行為は「体罰」に該当します。布団叩きやベルト、定規で叩くなんてとんでもありません。これは通告すべき「身体的マルトリ」です。

また、直接的に身体に苦痛を与えなくとも、長時間外に締め出す、立たせておく、正座をさせる、喉が渇いても飲み物を与えないといった間接的に苦痛を与える行為も「体罰」であり、「身体的マルトリ」であることを知っておく必要があります。

どんな理由があろうとも、体罰は「百害あって一利なし」です。事実、こうした体罰がしつけに効果的であるという科学的な根拠は一切ありません。逆に、「望ましくない影響しかない」ことが研究により明らかになっています。

身体的マルトリは前頭前野が縮む

ハーバード大学のマーチン・タイチャー氏とともに研究をし、最初に報告をしたのが「身体的マルトリによって脳の前頭前野が縮む」ということでした。

18～25歳のアメリカ人男女1500人に聞き取り調査を行い、次のような体罰を受けた経験のある23人を選び出しました。

・体罰の内容：頬への平手打ち、ベルト・杖などで尻を叩かれるなど
・体罰を受けた年齢：4～15歳の間
・体罰を受けた相手：両親や養育者
・体罰を受けていた期間：年に12回以上で、3年以上

こうした厳格な体罰を受けた経験のある23人のグループに対して、利き手、年齢、両親の学歴、生活環境要因をマッチさせた「体罰経験のない」22人にも協力してもらい、両グループの脳を調べて比較しました。その結果、体罰経験のあるグループの脳は、体罰経験のないグループに比べて、次のような変化が見られました。

・感情や思考をコントロールし、行動の抑制にかかわる「(右) 前頭前野（内側部)」の容積が平均19・1％小さくなっていました。
・物事の認知にかかわる「(左) 前頭前野（背外側部)」の容積が14・5％小さくなっていました。
・集中力や意思決定、共感などにかかわる「(右) 前帯状回」の容積が16・9％小さくな

っていました。

前頭前野が萎縮すると、犯罪抑制力の低下や素行障害、うつ病のリスクを高め、強い攻撃性があらわれることもあります。

さらに、6~8歳頃に身体的マルトリを受けた場合、脳への影響が特に大きいこともわかっています。

体罰は子どもの脳の発達に深刻な影響を与えるのです。

体罰禁止の法制化で変わる社会の認識

1979年に世界で初めて子どもへの体罰を法律で禁止したスウェーデンでは、体罰が大幅に減少しました。1960年代には、体罰を容認する人が50%を超え、実際に体罰を行っていた人は90%以上にのぼっていました。しかし、法律が制定され、社会に浸透するにつれて体罰は減少していきました。そして、法制化から40年近く経った2018年には、体罰を容認する人も、実際に体罰を行っている人もわずか1~2%にまで減っています。

これは非常に素晴らしいことです。現在のスウェーデンでは、体罰のない環境で育った子どもたちが親となり、次世代を育てています。体罰の減少に伴って、若者の犯罪も減少しているといいます。スウェーデンの犯罪防止委員会は、犯罪減少に貢献した要因として家庭環境の改善を挙げています。

体罰禁止の法整備が進んだ後、実際に体罰が大幅に減少しているのは他国でも見られます。成果を上げている国に共通しているのは、「法整備と同時に、親だけでなく社会全体に向けた啓発活動を行っている」という点です。スウェーデン政府は大々的な啓発キャンペーンを展開し、子どものいる全世帯に「子どもを叩かずに育てるためのアドバイス」をまとめた冊子を配布したり、テレビコマーシャルを通じて広く周知を図りました。こうして国を挙げて社会の認識を変えていったのです。

日本は2020年にようやく体罰禁止が法制化されましたが、まだ社会全体の認識が変わりつつある途上です。

私の診察室に来る親御さんの中には、いまだに「しつけのために体罰が必要だ」と考えている方がいらっしゃいます。子どもの身体にあざができるほど叩くお父さんに対して、「叩かなくても、ちゃんと子育てはできますよ」とお話ししても、「いや、間違ったことをしたときは体罰が絶対に大事です。私も子どもの頃に親から叩かれて育ってきました。自分のしつけは間違っていません」と言い張られるのです。その人なりに信念を持ってやっているのでしょう。ご自身も体罰を受けて育ち、「これが正しい」と信じ込んでいるのです。

このような人を説得するのは並大抵のことではありません。ただ、科学は説得の助けになります。すでにお話しした通り、身体的マルトリが脳の発達に悪影響を与えるという科学的なエビデンスがあります。

とはいえ、いきなり証拠を突きつけるようなことをしても、相手は耳を傾けません。まずは親御さんの努力を認める声かけが大切です。「お父さん（お母さん）、子育てもお仕事も頑張ってますね」と、その頑張りを褒めて、そこからスタートです。そのうえで、少しずつ科学的エビデンスを示しながら、一人ひとりに向き合うことが重要なのです。

しつけと体罰の境界線はない

「体罰は良くない」と理解していても、日々の子育ての中では、「もしかしてこれは体罰かもしれない」とヒヤリとする瞬間があるのではないでしょうか。たとえば、子どもが悪いことをしたときに、正そうという気持ちが先走って、思わず腕や肩を強くつかんでしまう。言うことを聞かない子どもにイライラして、「いいかげんにしなさい」と頭を軽く叩く。言葉で言っても伝わらないときにお尻を叩く――このような経験に心当たりのない親はいないのではないかと思います。

では、どこまでが「しつけ」で、どこからが「体罰」なのでしょうか？

残念ながら、これには明確な境界線を引くことはできません。親は決して子どもを痛めつけたいわけではなく、子どものためを思って、良かれと思って行動しているのです。ただ、普段は冷静な人でも、ストレスが溜まり余裕がなくなると、無意識に弱い存在である子どもがストレスのはけ口になりかねません。子育ては常に試行錯誤の連続ですが、私たちは「しつけ」と「体罰」の違いに敏感であることが求められます。

また、体罰は次第にエスカレートしていくものです。最初は「しつけのため」と軽く叩いていても、次第にもっと強く叩くようになってしまいます。特に強いストレスを抱えた状況では、なおさらです。親のストレスが高じて子どもに身体的苦痛を与えている状態は、体罰であり、身体的マルトリに他なりません。

ですから、まず知っておくべきことは、「しつけ」と「体罰」の間に明確な境界線はないということです。完璧な親はいません。ときには「やってしまった」と思うこともあるでしょう。そんなときは、次回から気を付ければいいのです。そして、ストレスのかかる環境を変える努力をすることが大切です。周囲の人や子育て支援機関に相談して、ストレスを減らす工夫をしていけばいいのです。

支援者の視点から言えば、大切なのは、親の行為そのものがマルトリかどうかを追及することではありません。大切なのは、子どもが傷ついているかどうかを見極めることです。そして、子どもを傷つけてしまう親自身のこころの傷やストレスにも目を向け、必要な支援をしていくことが求められます。

承認欲求を満たすために子どもを利用する

もう一つ、身体的マルトリにあたる、やや特殊なケースがあるのでお話ししておきましょう。それは、子どもに異物を飲ませるなどして故意に病気にさせたり、子どもが病気であると偽って不要な検査や治療を受けさせたりする行為で、「代理ミュンヒハウゼン症候群」と呼ばれています。

「ミュンヒハウゼン症候群」とは、周囲の同情や関心を引くために、自分が病気を装ったり、自らの身体を傷つけたりする精神疾患です。一方で、自分以外の誰かを代理として病気に仕立てあげる場合を「代理ミュンヒハウゼン症候群」といい、特に自分の子どもを対象とするケースが多いことで知られています。

日本小児学会は、この症状を「子どもを病気にさせ、かいがいしく面倒を見ることで自らのこころの安定を図る、子ども虐待の特殊型」と説明しています。

この病気が広く知られるようになったきっかけは、1996年にアメリカで起きた事件でした。当時、マスメディアによく取り上げられていた「難病と闘う8歳の少女と献身的に看病するけなげな母親」が、実は母親によるでっちあげによるものだったということがわかったのです。母親は娘に毒物を飲ませたり、点滴に異物を混入させたりし、娘は40回以上も手術を受けていました。

また、2015年にもアメリカで大変ショッキングな事件（ジプシー・ローズ事件）が起こり、「代理ミュンヒハウゼン症候群」が再び注目されました。幼少期から難病にかかっていると信じ込まされ、車椅子生活と不必要な治療を強要されていた娘が、ついには母親を殺害したという事件です。

日本でも2010年に、入院中の子ども3人の点滴に水道水などを混入させ、一人を死亡させ、2人を重症にさせた母親が懲役10年を言い渡された事件で、この母親が「代理ミュンヒハウゼン症候群」と診断され、大きな話題になりました。

日本での報告例はさほど多くありませんが、私もこの症例に遭遇したことがあります。11歳の女の子が、不眠、頭痛、登校しぶり（不登校）を主訴として来院。発達障害の疑いがありました。学校でいじめを受けたため、教育委員会が介入した経緯があります。複数の学校に転校しましたが、適応が難しく、最終的に元の学校に戻っています。

母親は、娘のこだわりや偏食、感覚過敏の改善を希望し、来院しました。また、いじめの加害者に謝罪させたいという意向があり、診断書の作成を希望しています。さらに、学校がいじめを隠蔽していると考えています。しかし、娘はいじめについて話したがらず、心理治療を「辛い」として拒否しています。

母親から特別児童扶養手当の申請や福祉的支援を受けるための相談があり、援助が開始されました。また、母親からは、発達検査の結果や発達障害の有無については、学校や教育委員会に絶対知らせないでほしいとの要望がありました。

発達検査の結果では、発達障害の可能性は低いと判断されました。親子別々に心理カウンセリングを継続した結果、娘の不定愁訴は徐々に改善しました。現在、元の小学校に戻り、普通クラスで適応できています。

このように実際にはない病気を訴え、同情と称賛を集めて承認欲求を満たしたいのです。

代理ミュンヒハウゼン症候群は、なかなか発覚しにくい病気です。子どもが病気であるにもかかわらず、親が喜々として看病をする様子や、症状に不審な点があること、病院を転々としている、といった兆候が見られることがあります。しかし、これらの行動は巧みに計画されていることもあって、医療関係者でさえ見抜くのが難しいのです。潜在的な患者数は、実際にはもっと多いと考えられています。

「代理ミュンヒハウゼン症候群」という診断名が正式につくかどうかは別として、子どもに不要な検査や投薬、治療を繰り返し行い、結果として子どもを傷つけているのであれば、それは「身体的マルトリ」と言えるでしょう。

ケーススタディ

明らかな身体的マルトリがありながら、保護までに時間がかかった例

Aくんが私の診察室に初めて来たのは中学1年生のときです。

小さい頃からお母さんによる身体的マルトリを受けており、通告を受けた児童相談所は何度も家庭訪問をしていました。職員はお母さんに対して、Aくんの一時保護や施設への入所をすすめたり、援助について伝えたりしましたが、すべて拒否されたとのことでした。Aくんのお母さんから返ってくる言葉は「そんなことはありません」「この子は大丈夫です」ばかりだったのです。

今回、「不審な怪我がある」と学校から通告を受け、児童相談所の職員がAくんと面談をしました。その際、Aくんが「お母さんから暴力を受けている。家に帰りたくない」と訴えたため、一時保護となりました。こうしてようやく診察室に来てくれたわけですが、正直に言って、この対応はあまりにも遅かったと感じました。それほどAくんの状況は深刻だったのです。

バウムテストという心理検査があります。一本の果樹の絵を自由に描かせて、その絵

の様子から発達水準や精神状態などを推察するものです。

Ａくんが描いた木は、枝葉の広がりがまったくなく、根も張っていません。太い幹から不自然に飛び出した枝に実だけがついているという現実感のないものでした。私はこの絵を見て、Ａくんがこころに深い傷を抱えていることを感じました。

「思い出したくないかもしれないけど、わかる範囲でいいから教えてくれる？　お母さんにどういうことをされたの？」

そうたずねると、Ａくんは表情を変えることなく淡々と話をしました。保育園の頃、洗濯機に入れられ、蓋をされたこと。「うるさい！」と怒鳴られ、口をガムテープでふさがれたこと。小学生の頃、お母さんが癇癪を起こすと棒で叩かれたこと。冬に冷たいシャワーしか使わせてもらえなかったこと……。

Ａくんには弟がいましたが、兄弟間で明らかな差別がありました。放課後の学童保育はＡくんのみが預けられ、弟だけに用意される食事やおやつがあることも。Ａくんは「自分が小さいときに悪いことをしたから、お母さんは僕を信用しなくなっちゃったみたい。だから仕方がないと思って諦めていた」と言います。理不尽だと思うことはあっても、お母さんに対してやり返すようなことはありませんでした。

身体的マルトリが目立ちますが、精神的マルトリもネグレクトもあることがわかりました。

一時保護所では、最初は口数が少なかったAくんですが、徐々に他の子とかかわり始めました。小さな女の子には自分から近づき抱っこをしたり、同じくらいの男の子とはじゃれ合ったりと距離が近い様子があったそうです。集団への適応は良く、周りの子に合わせて行動することができます。職員への受け答えも丁寧でした。ただときどき、大きな声を出し、殴るマネをするなど攻撃性が見られました。

学校でも同じような感じで、落ち着きのなさは気になるものの、特別に問題視されていたわけではありません。

しかし、Aくんのこころには深く暗い闇が広がっていたのです。一時保護所で夜間の見守りのために職員がAくんの部屋に入ると、首をへし折られた人形が転がっていました。職員もさすがにこれは緊急事態だと感じたそうです。

Aくんのお母さんは、学校のPTA活動に積極的にかかわるなど、対外的には「いい母親」を演じていました。驚いたことに、父親もAくんへのマルトリに気づいていなかったといいます。ただ、お母さんはAくんを出産後、精神科を受診しており、パニック症と診断されていました。この症状は、突然激しい恐怖や不安に襲われて、動悸やめまい、息苦しさなどの発作が繰り返し起きるというものです。お母さんは子育てに大きな不安やストレスを感じ、精神的に追い詰められながらも、必死に「いい母親」を演じようとしていました。その結果、こころの歪みをすべてＡくんに押しつけてしまったのでしょう。

Ａくんは一時的にお母さんから離れ、祖父母宅で生活をすることになりました。その間、Ａくんがこころのケアを受けると同時に、お母さんはＤＶの加害者向けプログラムを受け、自分が抱えている問題に向き合っていきました。時間はかかりましたが、Ａくんが高校生になった頃には、安心して暮らせる家庭に戻ることができたのです。

こんな行為も心理的マルトリにあたる

□子どもの苦手なことが気になり「何をやってもダメ」と言ってしまう
□感情的になり、大声で怒鳴る
□子どもの前で激しい夫婦喧嘩をする
□子どもに対して、夫（妻）への文句を話したり、言わせたりする
□きょうだい間で差別をする
□子どもをきょうだいと比較して批判・叱責する
□子どもに、きょうだいや祖父母などに対する暴言を聞かせる
□子どもの交友関係に口を出し、「あの子と仲良くするのはやめなさい」と言う
□進学先や就職先を、子どもの意見を聞かずに親が決めてしまう
□子どもが失敗した際に責めたり、失敗した理由を問い詰めたりする
□子どもの持ち物を一方的に取り上げたり、壊したりする

これらの行為は傷が目に見えないため軽視されがちですが、心理的・精神的マルトリは子どもに大きなダメージを与えます。前述したように、近年報告されている児童虐待の中でも「心理的虐待」の割合はもっとも高く、全体の約6割を占めています。「おまえなんか産まなければよかった」「あんたのせいで苦労ばかりしている」「何をやらせてもダメなんだから」……。子どもの存在そのものを否定する言葉や、「バカ」「クズ」といったさげすむ言葉、差別や脅しも心理的マルトリに該当します。また、子どもの目の前で親同士が暴力（ＤＶ）を振るう行為（面前ＤＶ）も、心理的マルトリとして認識されています。

暴言で聴覚野が肥大する

暴言による心理的マルトリは、子どもの「聴覚野」にダメージを与えることがわかっています。聴覚野は言語の理解にかかわる領域で、他人とのコミュニケーションを円滑に行う働きを持っています。

過去に身体的マルトリによる脳へのダメージを調査したときと同様のやり方で、18歳までに暴言によるマルトリを受けた人たちと、そうでない人たちの脳をMRIで比べました。すると、大声で怒鳴られる、ののしられる、責められる、脅されるといった言葉の暴力によるマルトリを受けてきたグループは、そうでないグループと比べて、左脳にある聴覚野の一部である上側頭回の容積が14・1％も肥大していることがわかりました。

脳へのダメージは、「一人の親からの暴言」よりも「両親からの暴言」のほうが大きく、「父親からの暴言」よりも「母親からの暴言」のほうが影響が大きいこともわかりました。つまり、両親からの暴言や、子どもと接する時間が長いと考えられる母親からの暴言のほうが、脳に与えるダメージという点でより深刻であったわけです。

また、暴言の頻度が高く、その内容が深刻であればあるほど、脳への影響が大きいという結果も確認されています。

聴覚野が肥大するとは、どういうことでしょうか。端的に言うと、必要な情報を効率よく得るための「シナプスの刈り込み」が正常に行われていないということです。

子どもの脳は乳児期に、情報を伝達するシナプスが爆発的に増えます。その後、代謝が活発になるにつれてエネルギー消費が過剰になるため、脳の中では木々の剪定《せんてい》のように余分なシナプスを刈り込んで、神経伝達を効率化していくのです。

しかし、この大切な幼少期に暴言を繰り返し浴びると、正常なシナプスの刈り込みが進みません。その結果、シナプスがまるで伸び放題の雑木林のような状態になり、脳の容積が肥大すると考えられます。特に、聴覚野への影響が出やすいのは4～12歳頃に暴言によるマルトリを受けた人たちで、この時期はちょうどシナプスの刈り込みが進む時期と重なります。

聴覚野のシナプスが正常に刈り込まれていない状態では、人の話を聞き取ったりする際に余計な負荷がかかります。その結果、心因性の難聴を引き起こしたり、情緒不安定になったり、人とのコミュニケーションを恐れるようになることがあるのです。

配偶者からＤＶを受けたことがある人は、４人に１人

２００４年に改正された児童虐待防止法には、両親間のＤＶを目撃させるような行為（面前ＤＶ）が児童虐待の定義の中に含まれるようになりました。直接子どもに向けたものでなくても、子どもの前で親が配偶者に暴力を振るったり、暴言を吐いたりすれば、子どものこころと脳の発達に悪影響があることを知っておく必要があります。

内閣府の調査によると、これまで配偶者からＤＶを受けたことのある人は25・１％と

なっています（令和5年度　男女間における暴力に関する調査）。この数字は「何度もあった」と答えた10・7％と「1、2度あった」と答えた14・5％を合わせたものですが、4人に1人がDVを受けたことがあると答えていることから、決して遠い世界の話ではないことがわかると思います。

男性から女性へのDVが割合的には多いとされていますが、逆のパターンもあります。私がかかわった事例では、小学生の姉妹がお母さんをものすごく恐れていました。というのも、お母さんが日常的にお父さんに対して激しい暴言や暴力を振るっていたからです。「おまえいいかげんにしろよ！　死にたいのかよ！」と叫びながらお父さんの頭をつかみ、お風呂場に引きずっていき、浴槽の水に顔を沈めるのです。その間、「やめてくれ！　うわぁぁ」というお父さんの叫び声が家全体に響き渡り、子どもたちは自室にこもって耳をふさぎながら震えていたそうです。その後、子どもたちは児童相談所に一時保護されましたが、彼女らはオドオドとして自己肯定感が低い状態でした。また、他人とのコミュニケーションにも課題を抱えていました。

暴力だけではない、さまざまなDV

ＤＶというと、殴る、蹴るなどの暴力を思い浮かべるかもしれませんが、それだけではありません。ＤＶを身体的ＤＶに限定して考えると、他の被害が見えなくなってしまいます。

言葉による暴力はもちろん、相手の大事なものを壊したり、日常的に軽視をしたりすることもＤＶの一種です。また、「子どもを使った暴力」もあります。「ちょっとママを叩いてきなさい」などと言って、子どもに暴力を振るわせる行為です。小さな子どもの力ならたいしたことないと思うかもしれませんが、実際にはそんなことはありません。逆らえない子どもにも、叩かれたお母さんにも、双方に大きな精神的ダメージがあるのです。

たとえば、自転車に乗っている子どもに「お母さんのところに突っ込みなさい」と命令して、あわや大怪我をさせるところだったという例にも遭遇したことがあります。実際に怪我はありませんでしたが、お母さんも子どももひどく恐怖を感じたに違いありません。

図2　DVの種類

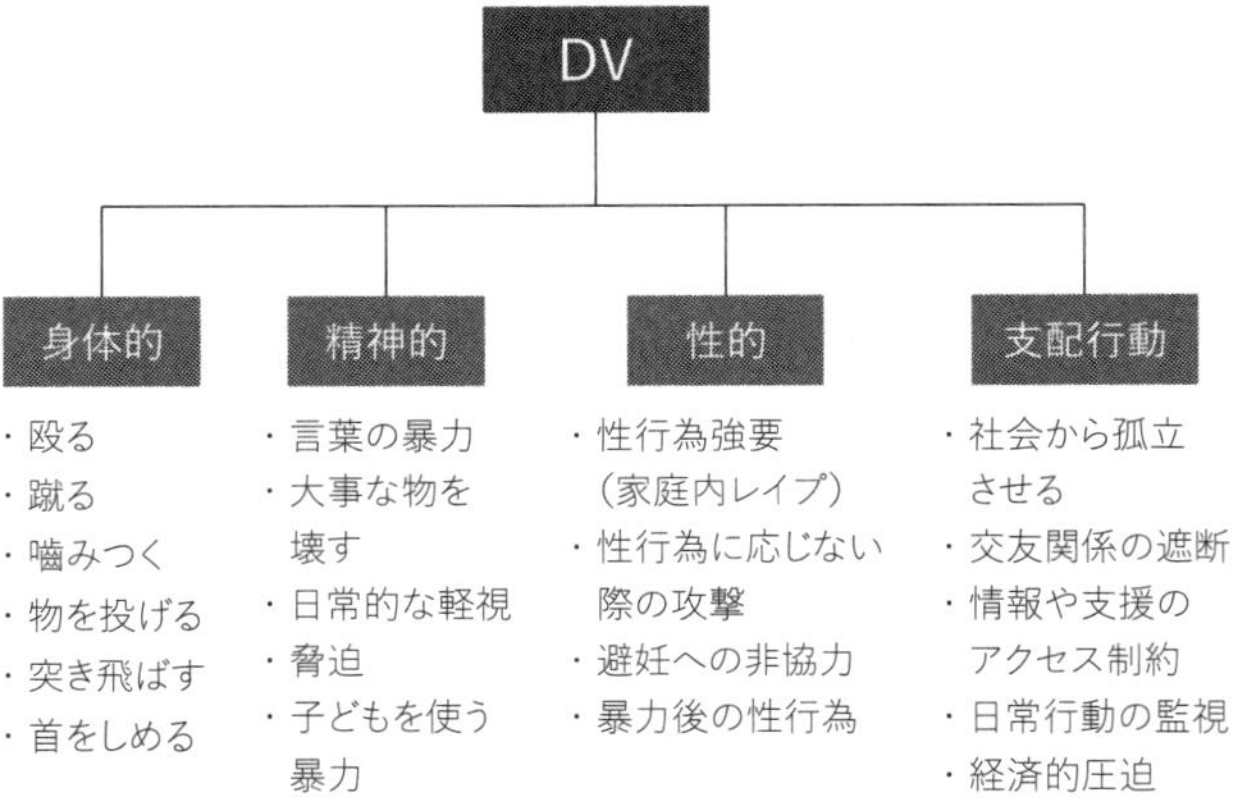

そのほか、性行為の強要や避妊に協力しないなどの「性的ＤＶ」、社会から孤立させる、日常行動の監視、経済的圧迫などの「支配行動」もＤＶにあたります。

近年は「モラハラ（モラルハラスメント）」という言葉をよく耳にするようになりました。モラハラは、相手に生活費を渡さなかったり、配偶者が仕事をするのを阻止したりして経済的に支配する行為を含みます。また、「誰のおかげで生活できていると思っているんだ」「家事もまともにできないのか」といった否定的な言葉を浴びせるなど、道徳や倫理に反する嫌がらせで精神的に追い詰める行為全般を指します。ＤＶよりも「モラハラ」と言ったほうがピンと来る方もいらっしゃるかもしれません。

モラハラ自体は家庭内だけでなく、職場や学校などさまざまな場所で、立場に関係なく起こり得るものです。ＤＶと家庭内のモラハラは重なり合っていると考えるといいでしょう。

子どもの前で夫婦喧嘩をするとIQや記憶力が低下

いつも夫婦が仲良くいられればいいですが、家事や育児の分担から親の介護などさまざまな課題に直面する中では喧嘩をすることもあると思います。つい感情的になってしまうことは誰にでもありますし、本音を言い合うことで関係が改善する場合もあるかもしれません。ただ、子どもの前で激しい喧嘩をするのは避けたほうが良さそうです。

両親の激しい喧嘩を見て育つと、子どもの脳は傷つき、ＩＱや記憶力に悪影響があることがわかっています。

18〜25歳のアメリカ人男女を対象に、小児期に両親間のＤＶを長期間（平均4・1年間）にわたり目撃した22人と、そうした経験のない30人を比べたところ、ＤＶを目撃したグループは脳の視覚野の容積が平均６・１％減少していました。大脳皮質の中でも、視覚に直接関係する部分が萎縮していたのです。視覚野が萎縮すると、他人の表情を読み取りにくくなり、対人関係でトラブルを抱えやすくなります。

それでは、両親間の身体的ＤＶを目撃するのと、言葉による暴力に接するのとでは、どちらのほうが脳により大きな影響があると思いますか？

実は、言葉のＤＶを目撃するほうが、身体的ＤＶを目撃するよりも脳へのダメージが大きいのです。具体的には、視覚野の一部である舌状回の容積減少の割合が、身体的ＤＶを目撃した場合は3・2％であったのに対し、言葉のＤＶを目撃した場合は19・8％にまでなっていました。言葉のＤＶが身体的ＤＶの約6倍もの影響が見られたのです。

これは非常に驚くべき結果ではないでしょうか。多くの親が、子どもの前で配偶者を叩くなど暴力を振るうのは良くないとわかっていると思います。でも、怒りに任せて怒鳴ったり、ネチネチとしつこくなじったりする言葉の暴力が、これほどまでに子どもの脳に悪影響を与えるとは思っていないでしょう。もっと多くの方に知っていただきたい事実です。

子どもの視点で見てみたら

電通の「こどもの視点ラボ」という面白い取り組みがあります。このプロジェクトは、「大人がこどもになってみる」ことで、大人が子どもへの理解を深め、親と子、さらには社会と子どもの関係を良好にしていくことを目指し、さまざまな実験やレポート作成などの活動をしています。詳細は「こどもの視点ラボ」の公式サイト（https://kodomonoshiten.com/）をご覧ください。

その実験の中で、代表の石田文子さんは子どもの視点で夫婦喧嘩を観察してみることにしました。仮想空間で３Ｄアバターの自分を作成して３ＤＣＧで動かし、ＶＲゴーグルをつけてその空間の中に入ります。身長１６５㎝の自分を75㎝の子どもに見立てると、身長１６５㎝のお母さんは約３ｍ63㎝、身長１８０㎝のお父さんは約４ｍ32㎝になります。ちなみに、この大きさはキリンの体長（３８０〜４７０㎝）と同じくらいです。つまり、キリンくらいの大きさの二人が自分をはさんで夫婦喧嘩をしているわけです。目の前の巨人が怒鳴り、後ろの巨人も怒鳴る状況は、まるで世界が壊れてしまいそうな恐ろしさを感じさせます。石田さんは、そのあまりの怖さに衝撃を受けたそうです。

図3　大人が子どもになってみると……

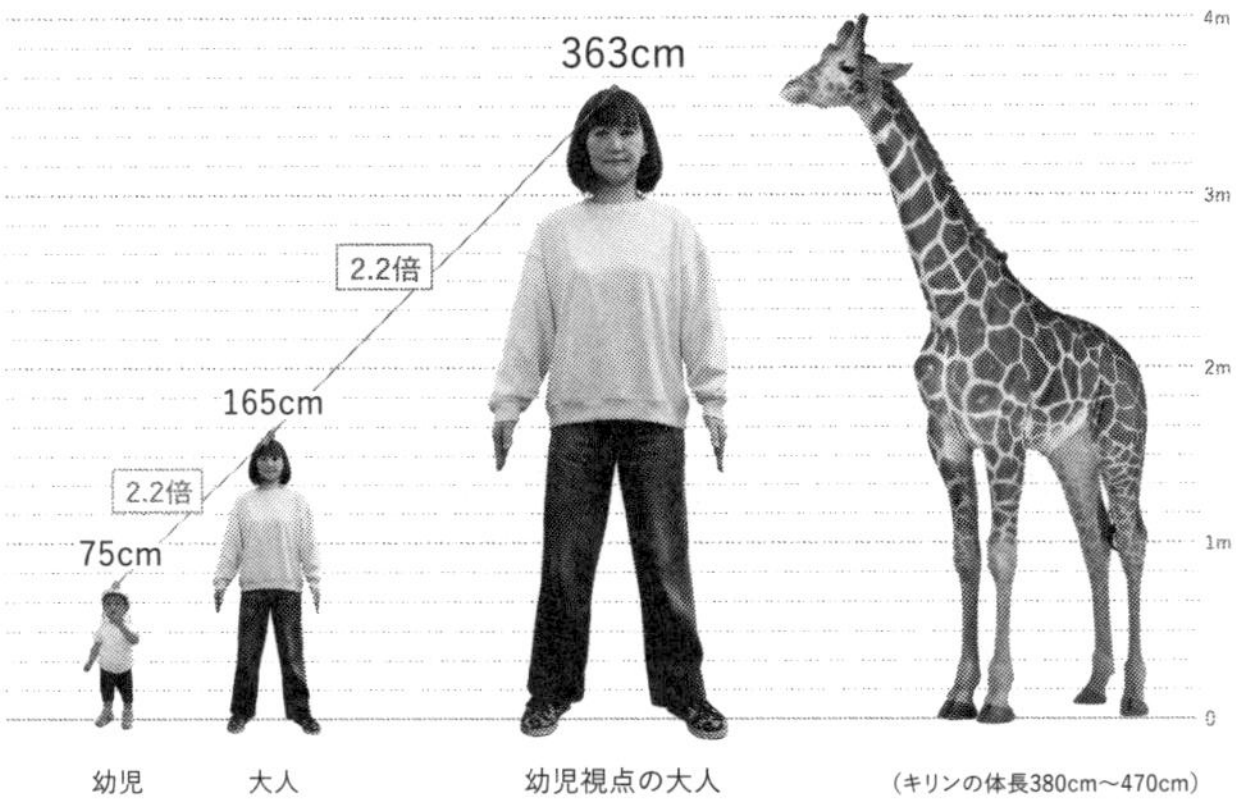

そんな恐怖感やストレスに頻繁にさらされていれば、こころと脳が傷つくのも当然だと感じます。石田さんは、こうした実験結果を持って私のところへ取材に来てくれました。マルトリが子どもの脳に与える影響や、マルトリを避けるためのコツなどを話したものが、電通報の「こどもの視点ラボ・レポート」に掲載されています。

私たちはみんな、かつては子どもだったわけですが、子どもの視点をすっかり忘れてしまっています。マルトリが子どもの脳に与える影響を理解することに加え、子どもの視点を意識してみるのも大事なことでしょう。「こどもの視点ラボ」が制作した絵本『こどもになっちゃえ！』（金の星社）を親子で読むのもいいかもしれません。

きょうだいへの暴言・暴力を目撃

「面前DV」は主に両親間の暴言や暴力のことを指していますが、親からきょうだいへの暴言や暴力も同じように大きなストレスとなります。

たとえば、「お兄ちゃんがお父さんに殴られている」「お姉ちゃんがお母さんに『おまえなんて産まなければよかった』と言われているのを見た」といった状況です。

また、親から祖父母に対して、あるいは祖父母から親に対してもそうです。親が同居しているおばあちゃんに「早くくたばればいいのに」と暴言を吐くのを見たら、子どもはどう思うでしょうか。

身近な人が傷つけられているのを見たり聞いたりして、何も感じない人はいません。ましてや、子どもにとってもっとも重要な家庭の中で暴言や暴力が飛び交っていれば、不安と恐怖にさらされることになります。自分に直接的な危害が加えられていなくても、こころと脳は深く傷つくのです。

アニメの暴力シーンを見せるのはどうか？

それでは、暴力シーンの多いアニメやドラマなどを子どもに見せるのはどうでしょうか。いまは子ども向けアニメでも、「家族が惨殺される」「登場人物の首が斬られる」などショッキングなシーンが含まれていることが少なくありません。

結論から言うと、暴力シーンのあるアニメを見せることが即マルトリにあたるわけではありませんが、小さな子どもに見せるのは避けたほうがいいと考えます。幼児はまだ映像の中の世界と現実の世界を区別するのが難しく、アニメ映像の中の話も現実の体験のように捉えてしまうからです。大人はエンターテインメントとして楽しむことができますが、子どもは恐怖と不安を感じ、強いストレスを受ける恐れがあります。多くの作品には「R15」（15歳以上）、「PG12」（12歳未満は保護者の助言・指導が必要）など年齢制限が表示されていますので、きちんと確認して選ぶのも親の務めです。特に制限が設けられていなくても、小学校低学年くらいまでは脳への影響を考慮し、あまり暴力的な映像は控えたほうがいいでしょう。

きょうだい間で差別をする

きょうだい間で極端な差別をするのは心理的マルトリにあたります。46ページに出てきたAくんのケースでは、弟だけに食事やおやつが用意されていたり、放課後Aくんは学童保育に行かされる一方で、弟は家に帰れるなどの明らかな差別がありました。このような状況は、Aくんに対する心理的マルトリも大きかったと言えます。

ここまで極端でなくても、長男や長女を優遇したり、末っ子だけを特別にかわいがったりと、生まれた順番や性別によって差別をしたり、親との相性で差別をしたりするケースは少なくありません。

同じ親から生まれていても、子どもは一人ひとり個性が違います。性格も違えばストレスに対する耐性も違うため、親からすると育てやすさ、扱いやすさもそれぞれです。親も人間ですから、つい、扱いやすい子ばかりに目をかけたり、性格的にぶつかりやすい子には冷たくしてしまうこともあるでしょう。ある程度は仕方のないことです。子どもに対して完璧に平等に接しなさいなどと言うことはできません。ただ、過度な差別は子どものこころと脳を傷つけるということを意識しておく必要があります。

「お兄ちゃんはこんなに優秀なのに、おまえは何をやってもダメだ」というように、きょうだいと比較してネガティブな発言をするのも、心理的マルトリに他なりません。こころの中で比べてしまうことはあっても、それを言葉に出さないようにすることが大切です。

人と比べるのではなく、子ども一人ひとりの良いところに目を向け、「あなたはこういうところがすごいね」と褒めてあげることが大事です。

子どもの意思を無視して、親の方針を押しつける

親が子どもの将来に対して夢や希望を持つのは自然なことです。多くの親は、子どもに対して多かれ少なかれ「こういう人間になってほしい」という想いがあることでしょう。しかし、「医学部に進学して、医者になりなさい」「将来は家業を継ぐのだから、こういう勉強をしなさい」など、親が子どもの人生を決め、方針を押しつけることは心理的マルトリです。こうした押しつけは、子どもによっては抱えきれないほどの大きなプレッシャーとなり、こころに深い傷を負う原因となることがあります。

序章で触れたように、いまは「教育虐待」という言葉が広く知られるようになり、注

目されています。子どもの自由を奪い、意思を無視して勉強を強制することもマルトリに他なりません。親は「子どものため」と言いながらも、その行為が結果的に、子どもの一度しかない人生をめちゃくちゃにしてしまうことだってあるのです。

私の知人で、63歳でようやく医師国家試験に合格した男性がいます。彼は私より少し年上ですが、大学時代の同級生でした。ここ30年ほど連絡を取っていませんでしたが、ある日突然、私の研究室に電話をかけてきました。彼は大学の医学部を卒業してからもずっと医師になるための勉強を続け、医師国家試験を何度も受け続けて、とうとう合格したのだといいます。35年間も、努力をして頑張ってきたのです。私はその話に本当に驚いてしまいました。

電話口で、彼は涙ながらに話してくれました。「僕の父親は警察官で、ものすごく厳しい人でした。『勉強しろ、医者になれ』と言って、体罰と称して木刀で殴るんです。殴られながら必死に勉強して医学部に合格し、なんとか卒業もできました。でも、そのあと国家試験にはなかなか合格できなかった。この歳でやっと合格できたけど、もう父親はすでに他界しています。母親も先に亡くなっています。喜んでくれる人は誰もいません……。友田さんが活躍しているのはテレビで見て知っていたから、合格したら真っ先に電話しようと思っていました」

彼が合格したのはおめでたいことですが、私は胸が締めつけられる想いがしました。彼は子どもの頃、木刀で殴られてきたトラウマを抱えながら、一人で苦しみ、頑張り続けてきたのです。途中で別の道に方向転換をしようと考えたこともあったようですが、木刀を持って立つ父親の姿が頭に浮かぶとどうしても無理でした。彼はまるで絶対君主のような父親に支配され、40年以上もの間、親の敷いたレールから外れることができなかったのです。生活費はパチンコやアルバイトで稼ぎながら暮らし、結婚を考える余裕もありませんでした。彼は今、精神科医を目指しているとのことで、今後の活躍を期待している旨を私は伝えました。しかし、もし別の道を進んでいれば、もっと早く自分の能力を発揮し活躍できたでしょう。近年、教育マルトリを受けた子どもが親を殺害した事件もありますが、彼の場合は、ひたすら自分を犠牲にし続けてきたのだと思います。

子どもは親の背中を見て育つ

「医者になりなさい」「弁護士になりなさい」といった親の押しつけが、子どもを苦しめた例は私の周りでもときどき見聞きします。たとえば、親の意向で医学部に入学したものの留年を重ねた末に退学せざるを得なくなったときに「本当は芸術家になりたかった」と涙ながらに訴えた人がいました。また、中学、高校と有名な進学校で成績優秀だったけれど、「医師か歯科医師しか認めない」と親に言われており、5浪した人もいます。勉強が得意であっても、本人の目指したい方向と違えば頑張りきれないものです。何度挑戦しても医学部に合格できませんでした。その後、歯学部に進みましたが、歯科医師国家試験には合格できず、「自分はダメな人間だ」と思い込んでしまいました。

ここまで極端でなくても、親の価値観を子どもに押しつける例は多く、枚挙にいとまがありません。子どもを大事に思うがゆえに、「将来はこうなってほしい」「苦労させたくない」という気持ちで、あれこれ口を出したくなるのはよくわかります。でも、子どもは親が思っている以上に親の姿をよく見ており、そこから自ら多くを学び取っていくものです。結局、子どもは親の背中を見て育つのです。

先日、薬剤師をしている娘に「あなたはなぜ薬剤師を選んだの？　私はあなたに『薬剤師になりなさい』って言ったことはあった？」と聞いてみました。娘が話してくれたのはこうです。

小さい頃から、お母さんの職場にも何度か連れて行ってもらったし、お母さんが小児科医として仕事をしているのを見てきた。とても重要な仕事だと思ったから、自然と医療関係を目指した。お母さんに「薬剤師になれ」と言われたことはなかったけど、応援はしてくれた。薬剤師になって本当に良かったと思っている……。

私はとても嬉しく思いました。

子どもは、親が頑張っている姿をよく見ています。そういう姿を見せるだけで十分なのです。もちろん、親と同じ方向に進むとは限りません。時代は変化し続けていますから、新しい職業もどんどん出てくるでしょう。親の世代には理解が難しいこともあるかもしれません。でも、どのような道であれ、子どもがこころから希望しているのであれば応援するというスタンスでいることが大事なのではないでしょうか。

成功しなければ認めてあげない

子どもが大事な試験に合格できなかったり、スポーツや芸術で思うような成果が出せなかったとき、あなたなら何と声をかけますか？

「よく頑張ったね」

「悔しいね。でも、これだけ成長したのだから、次はきっと大丈夫だよ」

「いつも応援しているからね」

　正解はありませんが、大事なのは子どもの気持ちに寄り添い、「失敗したからといって人としての価値が下がるわけではない」というメッセージを伝えることではないでしょうか。ところが、親が一生懸命になりすぎると「失敗したおまえはダメな人間だ」「成功しなければ価値がない」と、子どもの人格を否定するようなメッセージを無意識に伝えてしまいがちです。

　たとえば、過熱する中学受験に向けて親が一生懸命になりすぎ、「こんなこともわからないのか！　そんなにバカではこの先、失敗するに決まっている」と暴言を吐いてしまうケースも見受けられます。そのような親御さんに、私は「もうちょっと肩の力を抜いていいんですよ」とお話ししました。

　親と子どもは別人格であって、子どもは親の思い通りにはなりません。子どもを自分の理想に近づけようと必死になれば、カラ回りしてストレスが増えていくばかりです。

「お子さんが良い学校に入って立派に成長し、一人前になるのは確かに嬉しいですよね。でもね、健やかな成長以上のことを期待しちゃいけません。子育てを頑張って、お金もかけて、こんなにしてあげたんだからといって、見返りを求めたり、成果を期待したりするのは避けてくださいね。子どもは3歳までに十分な親孝行をしているんですから。『ママ、ママ』って言って追いかけてきたり、ちょっと親の姿が見えなかったら泣いたりする、もうそれで十分、そういった瞬間こそが親孝行なんですからね。子どもの笑顔に幸せな気持ちになったり、寝顔に癒やされたりしたことがあるでしょう？　それがすでに素晴らしい贈り物なんですよ。いまは大変な時期が多いかもしれませんが、子育てには必ず終わりが来ます。その限られた時間を楽しむ気持ちで、向き合ってくださいね」

子どものためにできるだけのことをやってあげたい、その気持ちは素晴らしいことです。ぜひ、その成長を応援してあげてほしいと思います。でも、成功したら価値があり、失敗したら価値がないわけではありません。親も子も「成功しなければ認めてもらえない」と思わずに、もう少し肩の力を抜いても大丈夫です。

もし、もっと頑張ってほしいと思うなら、まずは子どもの存在自体をしっかりと認めることです。そして、できている部分に目を向けて、たくさん褒めてあげましょう。子どもは自信がつけば「もっと頑張ろう」という気持ちになります。逆に、「できないおまえはダメだ」などと人格を否定するような言葉を浴びせられると、子どものこころと脳は深く傷つき、やる気を失ってしまいます。

罰として子どもの大事なものを取り上げる

もう一つ、心理的マルトリとしてありがちなのは、子どもが大事にしているものを壊したり、取り上げたりする行為です。たとえば、子どもの目の前でゲーム機を壊す親御さんに何度も遭遇したことがあります。当然ですが、一度壊れたゲーム機は元に戻せず、もう使うことができません。さっきまで威勢の良かった子どもも、自分の持ち物が破壊されたことにショックを受け、こころが折れてしまうことがあります。お小遣いを貯めて買ったゲーム機を粉々にされてしまい、ひどく落ち込んだ子もいました。

親御さんは子どもを傷つけようと思ってやっているわけではなく、しつけの一環として行っているという気持ちがあるのだと思います。たとえば、子どもがゲーム内のアイテムに無断で課金していた、宿題をやらずにゲームばかりしていたなど、ルール違反の行動があったから、もう二度と使えないようにしたのでしょう。

ただ、そうした良くない行動があったとき、いきなり有無を言わさず物を破壊するのはやりすぎではないでしょうか。もう少し段階を踏んで、「あなたがやったことは良くないことだよ」と、しっかりと伝えることが必要です。これは面倒な作業ではありますが、とても大事なことです。それに、ゲーム機を壊しても問題は解決しないのです。次はもっと巧妙に隠れてルール違反をするようになるケースもあります。親子の信頼関係が損なわれ、修復に時間がかかる場合もあります。

あらかじめ親子でゲームに関するルールを決め、そのルールを破ったときに一時的にゲームを取り上げるといった対応であれば問題ありません。現代は契約社会であり、社会に出れば契約に基づいてさまざまな判断がされるわけですから、家庭の中でも同じようにルールを設けることは教育の一環と考えられます。

しかし、ルールも何もない状態で、罰として一方的に子どもの大切なものを取り上げるのは避けたほうがいいでしょう。

ケーススタディ　心理的マルトリから問題行動に走っているケース

小学6年生のBくんを連れてきたお母さんは、「この子は平気で嘘をつくんです」と私に訴えました。「宿題をやっていないのに『やった』と言うし、学校のプリントをなくしたのに『先生が渡し忘れた』と言って人のせいにします」。横に座っているBくんは無表情で、ぼんやりと診察室の壁をながめています。ときどき、お母さんの声が大きくなるとビクッとしたり、診察室の外の足音が気になったりするそぶりがありました。

お母さんの訴えは止まりません。「4年生頃からカードゲームにハマって、カード欲しさに私の財布からお金を盗ったことも何回もあります」

お母さんは愛情を持って日々子育てに向かっているつもりだけれど、Bくんには発達の遅れがあり、なかなか伝わらないということでした。

私の診察室にやってきたのは、学校の先生から「こころの問題で発達が止まっているのではないか」と指摘されたことがきっかけです。Bくんのお父さんは、Bくんが7歳のときに借金を苦に自殺しています。このショッキングな体験によりお母さんは精神的に不安定になり、Bくんに対して辛く当たることが多くなりました。Bくん自身もお父さんの自殺は辛い体験だったことでしょう。そのうえお母さんはイライラすると「宿題しろよボケ！」「なにボーッとしてんだよ、役立たずが」などと暴言を吐くのです。Bくんはお母さんに言われたことを覚えていることができず、辻褄を合わせるために嘘をつくことが増えました。不注意優勢のＡＤＨＤ（注意欠陥・多動性障害）の症状です。

Bくんと話をすると、受け答えはちゃんとできます。ただ、しばしば「自分が悪いから」と言い、極端に自己肯定感が低いことがうかがえました。そして、お母さんの厳しさから逃げるためにゲームに向かっていると推察できました。

お母さんは思春期を迎える息子との二人暮らしをする中で、必死になるあまりカラ回りしてしまうところがあるようです。暴言を吐いたことを反省するものの、うまくいかないことがあるとまた暴言が止まらなくなってしまいます。

初診後、私が提案した方針はこうです。

・ペアレントトレーニング（180ページに詳述）を受けながら、親子関係の修正をし、Bくんの自己肯定感を高める対応をしていただくこと

・親子ともにトラウマに対する認知行動療法を定期的に受けること

お母さんはこの方針を了承してくれました。その後、お母さんは暴言を吐かずに子育てに向かえるようになり、Bくんの症状も徐々に軽快、問題行動も次第に減っていきました。

こんなこともネグレクトにあたる

□子どもが体調不良を訴えても、病院に連れて行かない
□子どもに予防接種を受けさせない
□子どもが泣いていても、さまざまな理由で気にかけず無視する
□仕事や家事が忙しいので、子どもと触れ合う時間がほとんど取れない
□小さな子どもを家に残したまま、数時間外出することがある
□子どもをおとなしくさせるために、頻繁にスマホやタブレットを渡してしまう
□子どもが長時間ゲームをやっていても放置している
□子どもが外出先でトラブルに巻き込まれても、「子どもが勝手にやったことだから」と知らんぷりをしている
□忙しくて食事を作る時間がなく、カップ麺やコンビニ弁当で適当に済ませるよう伝えている

ネグレクトは、「育児放棄」とも呼ばれます。親が必要な世話をせずに子どもを放置することを指します。食事を与えない、お風呂に入れない、服を着替えさせないなど、子どもが健やかに成長するために欠かせない身体的ニーズを満たさないことを「身体的ネグレクト」といいます。予防接種を受けさせない、病気になっても病院に連れて行かないというように、必要な医療を与えないこと、視力検査で、視力が悪く日常生活に支障をきたすレベルであることがわかったにもかかわらず、眼鏡を買ってあげないといったことも身体的ネグレクトにあたります。

子どもが泣いていても無視し続ける、スキンシップをまったく取らない、子どもの話を聞いてやらないなどは「精神的ネグレクト」です。

2020年に大田区で痛ましい事件がありました。シングルマザーの母親が3歳の子どもをマンションに放置して衰弱させ、容態が悪くなっても病院に連れて行かず、十分な食事を与えないまま餓死させたという事件です。母親はジュースとお菓子を置いて子どもを部屋に閉じ込め、交際中の男性と9日間の旅行へ行っていたといいます。男性に子どもがいることを明かすことがどうしてもできず、幼い我が子を一人家に残して出かけたのだそうです。この事件では、母親自身が子どもの頃、虐待を受けていたことも話題になりました。適切なケアを受けずに育ち、自らが親となってからも必要な支援にアクセスすることができませんでした。その結果、ネグレクトによって子どもの命を奪うことになってしまったのです。

報道されるのは命にかかわるネグレクトであり、そう頻繁に起こるものではありません。しかし、これほど深刻なものだけがネグレクトというわけではないのです。具合が悪いのに病院へ連れて行かないなど、必要なケアをせずに放置するというネグレクトは多いのが実情です。

アメリカではNG！「子どもだけで留守番」はネグレクト

何をもってネグレクトと言うのかは非常に難しい問題です。私自身も子育てをする中で、悩むことが多くありました。たとえば、小学校低学年の子どもが友だちと公園で遊びたいと言ったとき、「行ってらっしゃい。17時までには帰ってね」と送り出すのはどうでしょうか。低学年では、まだ子どもに時間の管理や家から公園までの行き帰りを任せることには不安を感じることがあります。かといって、友だちがみんな一人で来ているのに、親がついて行けば嫌がられるかもしれません。

アメリカでは、子どもだけで近所の公園に遊びに行かせることは許可されていません。必ず親の見守りが必要です。ほとんどの州では、12歳以下の子どもが一人で出歩いていればネグレクトとみなされます。また、子どもだけで留守番をさせるのもネグレクトとされ、法律で罰せられ、場合によっては逮捕されます。

一方、日本では子どもだけで公園で遊んでいる光景は普通です。小学生が一人で留守番をしているのも珍しくありません。ただ、地域とのつながりが薄くなり、子どもを狙った犯罪が増えている現代の日本では、社会的な安全性は低くなっていると考えられます。そのため、子どもだけで移動させたり遊ばせたりすることは、かつてよりもネグレクトとみなされやすくなっているでしょう。

このように、ネグレクトをどう捉えるかは非常に難しく、正解は一つではありません。ただ、子ども自身で安全な環境を保てないうちは、大人が責任を持って安全を守る義務があると考えます。

子どもが寝ている間にちょっとだけ外出する

多くの親は、「子どもが寝ている間にちょっとだけ外出」や「子どもが公園で遊んでいる間に買い物を済ませる」など、これくらいなら大丈夫かな……？　というところで時間のやりくりをした経験があるのではないでしょうか。

私も偉そうなことは言えません。次女が2歳の頃に、危険な目に遭わせてしまったことがあります。休日の昼間、急に病院から呼び出しがかかったときです。娘はちょうど昼寝に入ったところで、普段なら1～2時間は起きません。その間に病院に行って用事を済ませ、戻ってくれば問題ないように思えました。私はそっと自宅を離れて2時間ほどで用事を済ませ、家に戻ってきました。

玄関前に来て、ドキッとしました。娘の泣き声が家の外まで聞こえてくるのです。あわてて部屋に入ると、娘は火がついたように大泣きしています。「ずっと泣き声が聞こえていたので心配しました」と近所の方が教えてくださり、胸がつぶれる思いがしました。どうやら私が出た後すぐに目が覚め、ずっと泣き続けていたようなのです。もし、私の姿を探して家の外に出てしまっていたら、事件や事故に遭っていたかもしれません。

これをネグレクトだと指摘されれば、まったくその通りです。泣きはらした次女の顔を思い出すと、いまだに胸が痛みます。

ネグレクトが愛着障害を引き起こす

近年、「愛着（アタッチメント）障害」という言葉が認知されるようになっています。マルトリと愛着障害との間には深いかかわりがありますので、ここで少し愛着障害について見ておきましょう。

子どもが健やかに成長していくためには、母親をはじめとした特定の人物とのあいだに強い結びつきが必要です。この結びつきを「愛着」、「アタッチメント」と呼びます。イギリスの精神科医ジョン・ボウルビィ（1907～90）が提唱した「愛着理論」によれば、生後一年未満の乳児にも生来、養育者に対する「愛着行動」パターンが備わっています。

たとえば、次のようなものが愛着行動にあたります。

・不安や危険を感じたときに、養育者の注意を引こうとして泣いて知らせる
・養育者が自分のそばにいないとき、養育者を目で追ったり、じっと見つめて居場所を確認する
・養育者が自分から離れて行こうとするとき、ハイハイなどであとを追っていく

養育者がこれらの愛着行動に繰り返し愛情を持って応えることで、安定した愛着が形成されるのです。

愛着が不足した結果としてあらわれる、さまざまな症状を総括したものが「愛着障害」です。特に幼児期に受けたマルトリによる愛着障害は感情制御機能にも問題が発生しやすく、うつ病や多動性障害、解離性障害などの重篤なこころの病へと推移するといわれています。

精神医学の分類では、愛着障害は「反応性愛着障害」と「脱抑制型対人交流障害」の二つに分けられます。

・反応性愛着障害……対人関係の中で、適切な反応をすることができないタイプ。他人に対して過剰に警戒心を抱き、頼ったり甘えたりすることができない。自分に向けられた愛情や好意に対しても、怒りで応じるなど矛盾した態度を見せることもある。乳幼児期に養育者との間で愛情のキャッチボールをしてこなかったせいで、他人全般を信用できなくなっているためだと考えられる。

・脱抑制型対人交流障害……他人に対する愛着はあるものの、特定の相手に対して愛着を示す能力が著しく欠如しているタイプ。他人に対して無警戒で、誰かれかまわず愛着を求めてしまう。初対面の人にもなれなれしく振る舞ったり、周囲に過剰な愛情を示したりするため、かえって疎まれることも多い。特定の養育者との間で安定した愛着が形成されなかったせいで、愛着の範囲がわからず、広範囲の人に対して自分に目を向けさせようとしていると考えられる。

愛着障害についてはまだ解明されていないことも多くありますが、ネグレクトを含むマルトリが愛着形成に問題を引き起こすことは間違いないでしょう（適切な愛着を築けないという意味では、ネグレクトだけでなくすべてのタイプのマルトリが愛着障害を引き起こす恐れがあります）。たとえば、小さな子どもが親に助けを求めても無視され、笑いかけても笑顔を返してもらえない状態が続けば、やがて人との関係をうまく築けなくなることは想像に難くありません。こうした対人関係の問題は、社会生活を基盤とする人間にとって大きなストレスになります。早期に適切な対処をしなければ、その後の人生に大きな影を落とすことになりかねません。

近年、愛着（アタッチメント）の個人差に対する遺伝的要因と環境的要因の影響を明確にし、愛着形成に関与する遺伝子を特定する研究が注目されています。双生児研究では、発達の過程で愛着が変化するにつれ、遺伝的要因が重要性を増し、共有される環境が減少する可能性が示唆されています。しかし、多くの研究は検出力不足や測定法の限界に直面しています。今後の課題は、共有されていない環境メカニズムを特定し、遺伝と環境の相互作用を明らかにすることです。エピジェネティクス（後述）を組み込んだ研究が、愛着研究の新たな突破口となるかもしれません。

子どもにかまわず、スマホをいじる

いまやスマホは育児の上でも必須のツールとなっています。子どもの体調が悪いときは、症状を入力して調べたり、病院を検索して予約したりと、手元の操作でパッと対応できる場面も多いです。離乳食のレシピから子どもが喜びそうな誕生日のアイデアまで、スマホであれこれ調べた経験のある人も多いでしょう。もちろん、ＬＩＮＥやインスタグラムなどのＳＮＳで気軽にコミュニケーションもでき、常に傍らにスマホを置いている親がほとんどではないかと思います。

それでは、スマホをいじっているときに、子どもに話しかけられたらどうしますか？スマホを操作し続けながら、耳だけで聞き流していたりはしないでしょうか。話の内容を理解し、ちゃんと返事ができていたとしても、こうした態度を繰り返すのは良くありません。子どもは「自分を大切にしてくれていない」と寂しく思うでしょう。大人同士の会話でも、相手がスマホを見ながら返事したら悲しいですよね。相手の目を見て話を聞くから、真剣に向き合っている気持ちが伝わります。子どもと話をするときも、相手の目を見て語りかけることで思いがより伝わりやすくなります。目と目を合わせるのはとても大切なのです。特に子どもの場合は、愛着形成にも大きな影響を及ぼす重要な要素です。

安定した愛着を形成するための三要素は、「目と目を合わせること」「笑顔を向けること」「スキンシップをとること」です。赤ちゃんの頃から、目と目を合わせ、笑みを交わし、スキンシップをたっぷりとることで、子どもは身をもって愛情のやりとりの仕方を学んでいきます。そして、親が子どもに語りかけ、子どもの話に耳を傾けることを繰り返すうちに、安定した親子の絆が築かれるのです。

親がスマホに夢中で目を合わせない、話を聞かないのであれば、健全な愛着形成が進みません。

特に子どもが小さいうちは、できるだけ親のスマホ時間は子どもがお昼寝をしているときや就寝後に作るように心がけてほしいと思います。緊急のメールなどでスマホを操作することが必要なときに子どもに話しかけられたら、いったん操作をやめるか、「いまこのメールを送るから1分待ってね」と事情を話して先に済ませるといいでしょう。

とはいえ、いつもそうできるわけではないと思います。大事な用事でスマホを手放せないときもあるでしょうし、こころに余裕がないときもあるでしょう。私もよくわかります。でも、普段から「このくらいならいいだろう」と思っているのか、「子どもの目を見て話を聞くのを優先しよう」と心がけているのかでは大きな違いがあるはずです。

スマホを子どもに渡して、静かにさせる習慣は危険

いまの時代、幼児のときからスマホに触れているというのも普通でしょう。たとえば電車やバスなどで移動をしているときや、レストランで注文した食事が出てくるまでの間など、子どもが騒いで落ち着かせるのが大変なことはよくあります。そんなとき、スマホやタブレットを子どもに渡せば、静かにしてくれていてラクだという声をよく聞き

ます。

内閣府が発表している「青少年のインターネット利用環境実態調査」(令和5年度)によると、2歳で58・8%、6歳で80・9%がスマホやタブレットを通じてインターネットを利用していることがわかっています。0歳でも15・7%が利用しています。0～9歳までの低年齢層の子どもがインターネットを利用する目的の1位は動画視聴93・6%。ついでゲーム64・7%という結果でした。平均利用時間は年々増えており、なんと約2時間5分にもなります。

スマホやタブレットのおかげで子どもを落ち着かせることができたり、親の時間ができたりするので良い面もあると思います。しかし、あまりに長い時間スマホに触れており、親子のコミュニケーションが減少しているなら心配です。親子のコミュニケーションが極端に少ない状態はネグレクトといえます。

スマホを使うこと自体が悪いわけではないので、親子で一緒に動画を見ながら感想を話し合ったり、一緒にゲームをするなど、コミュニケーションの中に上手に取り入れるようにしてみてください。

上手に使えているなら問題はないのですが、スマホやゲームに執着しすぎないよう気を配ってあげる必要はあります。ゲームなどは特に、熱中しているとあっという間に時間が経ってしまいます。本来、外でいろいろな人と触れ合うことで受ける刺激や経験が失われ、社会性が身につくチャンスが減ってしまいます。子どもの発達にいい影響を及ぼしません。スマホ任せ、ゲーム任せはそういう意味でもマルトリと言える状況です。

また、ＡＤＨＤ（注意欠如多動症）やＡＳＤ（自閉スペクトラム症）の症状のある子どもほど、スマホやゲームに執着しやすいと言われています。ＡＤＨＤは衝動性が高い傾向があり、興味を持った対象には熱中する特性があります。ＡＳＤは規則性や論理を重んじる傾向があり、ゲームと相性が良いため熱中しやすいと考えられます。また、対人関係が苦手であることが多いので、一人でできる気安さがゲームへの執着を後押しします。中学生を対象としたネット依存に関する調査では、ＡＤＨＤ、ＡＳＤともに定型発達児と比較してネット依存の有病率が高いことがわかっています（So et al., ２０１７、総務省情報通信政策研究所　２０１３）。

ゲーム時間はルールを決めて

ゲームのやりすぎで日常生活が困難になる「ゲーム障害」は、２０２２年から正式に疾病として認定されています。

ＷＨＯによる定義では、次のような症状が12カ月以上続いた場合に「ゲーム障害」と診断されます。

①ゲームに関する行動（頻度、開始・終了時間、内容など）がコントロールできない
②ゲーム優先の生活となり、それ以外の楽しみや日常行う責任のあることに使う時間が減る
③ゲームにより個人、家族、社会、教育、職業やそのほかの重要な機能分野において著しい問題を引き起こしているにもかかわらずゲームがやめられない

ゲーム障害の診断がされるかは別として、私の診察室にも「子どもがゲームをやめることができず、泣きわめいたり暴れたりする」「スマホでＳＮＳばかり見ていて言うことを聞かない」と訴える親御さんが多く訪れます。ここ5～6年、かなり増えた印象です。それだけゲームやＳＮＳを手軽に楽しめる環境が浸透しているということです。

やはりゲームやスマホを子どもの好きなようにやらせていては良くありません。小学

校低学年までなら1日30分、中学年・高学年なら1日60分など、年齢が低いほど時間は短めに制限をすることが必要です。中学生なら1日2時間くらいまででしょうか。

ルールを決めて、子どもがそのルールを守れたら褒めてあげてください。ルールを守れるのは当たり前ではないのです。特にゲームは「あと1回やりたい」「次のステージをクリアしたい」と思うように作られているものですし、LINEやインスタグラムなどのSNSも次々に気になるコンテンツが目に入ってきて、やめどきがありません。「ルールの30分が過ぎたからやめよう」と自らやめるのは簡単ではないのです。

おすすめしたいのはポイントカードを作ることです。「ルールを守ることができた」のは、子どもの努力の結果です。だから努力賞を1ポイントあげるのです。そして、たとえば10個ポイントが貯まったら、週末のゲームの時間が1時間プラスになるとか、好きなレストランに連れて行ってあげるといったご褒美を用意します。

こうした工夫によって、子どもは楽しみながらルールを守ることができるようになります。そして、親は「いいかげんにしなさい！」と感情を爆発させなくて済むようになるでしょう。

放任主義とネグレクト

「うちは放任主義ですから」と言う親御さんがいます。放任主義は、親が子どもにあれこれ指示をするのではなく、子どもの意思を尊重して自由にさせる教育方針のことです。子どもを束縛しない、干渉しないという点ではネグレクトと通じるところがありますが、決定的に違うのは「愛着形成ができているか否か」の部分です。

ボウルビィは、子どもが健やかに成長していくには「安全と探索」が必要であると言っています。人間の子どもは大人の養育なしには生きていくことができません。生まれたばかりの子どもにとって、何よりも必要なのは「安全」な環境です。通常は親の庇護のもと、安心感を持って成長していきます。そして、成長の過程では、ときに勇気を出して危険を冒し、周囲を「探索」して自分の世界を広げていく必要があります。探索によって社会的スキルを身につけ、社会の中でよりよく生きることができるようになっていくわけです。

「安全と探索」は鬼ごっこ、ドロケイのような遊びにたとえるとわかりやすいと思います。子どもは安全地帯にいれば鬼に捕まることがなく安心ですが、ずっとそのままではゲームが進行しません。そこで、危険を冒して敵の陣地へ進みます。いよいよ危ないとなったら一目散に安全地帯に戻ってきます。安全な場所があるから果敢に攻めることができ、スリルや駆け引きが面白いのです。

子どもは、安全な「親のそば」を足がかりにしながら、興味や好奇心に惹かれて外の世界へ冒険に行きます。安定した愛着が育まれていれば、子どもは親と一緒にいなくても安心していられるようになるのです。アメリカの発達心理学者メアリー・エインスワース（1913〜99）は、愛着のこうした働きを「安全基地」という言葉で表現しています。

放任主義は、「あっちに行きなさい」「鬼に捕まりそうになったらこうしなさい」と指示をするのではなく、子どもの自由にさせます。「もっとこうすればうまくいくよ」とアドバイスをするかわりに、子ども自身の判断を尊重するのです。子どもは失敗することのほうが多いかもしれません。でも、助けを求めれば親が必要なものを与えてくれるし、「あなたなら大丈夫だよ」と言って応援したり慰めたりしてくれると感じれば、安心して失敗もできるというものです。そして、子どもはその失敗から学ぶことでしょう。愛着形成ができているから、放任主義は教育スタイルとして機能するわけです。

愛着形成ができていない状態で、子どもの自由に任せようとしたらどうなるでしょうか。子どもは安心して探索することができません。いろいろなものに好奇心を持ったり、人とかかわろうとしたりすることが難しくなります。

もちろん、小さな子どもを放置していれば生命に危険があることもあります。安全を守ることを放棄しており、子どもが求める安心感を与えないとしたら、それは放任主義ではなくネグレクトと言えるでしょう。

支えのない放任主義は子どもにストレスを与える

親は放任主義のつもりでいるけれど、知らず知らずのうちに子どもにストレスをかけていることもあります。「自由」はいいことのようですが、それも必要な支援が受けられてこそです。困ったとき、問題が起きたときに助けを求めても「あなたがやったことなんだから自分でなんとかしなさい」と言われるのであれば、見放された感じがするでしょう。助けてもらえない自由は、ストレスになるのです。

職場の上司・部下の関係を考えてみてください。ガミガミ言わず自由にさせてくれる上司はありがたいですが、支援がなければ不安ですよね。自分は期待されておらず、放っておかれているだけなのではないか？　と思うのではないでしょうか。さらに、失敗したときに否定的な態度をとられれば、いっそう辛い気持ちになります。

職場のストレスには三つの尺度があります。一つ目は「要求度」。やるべき仕事の量、ノルマが多い、つまり要求度が高いほどストレスは高くなります。次に「自由度」。自分の裁量で進められればストレスは少ないですが、自由度が低ければストレスが高くなります。最後が「支援度」です。上司や同僚からの支援があるほどストレスは低くなり、支援がなければストレスが高くなるのです。

これは私の実感としても本当にそうです。非常に重い責任を感じる仕事に携わる中で、上司が「何かあったら私が責任を取るから（支援するから）大丈夫」と言ってくれるかどうかでストレスの感じ方はまったく違います。たとえ自由度はあっても、「自己責任だからね」と言われる環境ではストレスが高くなり、失敗して否定されようものならストレスがマックスになるのです。

親子の関係では、子どもはもっと大きなストレスを感じることになります。特に幼い子どもにとって親、家族は世界のすべてだからです。職場なら、そこを辞めるなりして別の環境へ行くことができますが、家はそういうわけにいきません。

ですから、放任主義も行きすぎないように注意する必要があります。自由にさせつつ、必要なときに支援するというのは理想ですが、簡単ではないでしょう。少なくとも「何かあったら必ず守るからね」「困ったときは助けるからね」と伝えて、安心させてあげることは大事です。

ネグレクトで脳梁が縮む

ネグレクトが脳に与える影響はどのようなものでしょうか。

1997年にマクリーン病院研究チームのアンダーセン氏とアメリカ国立精神衛生研究所のギード氏らが行った研究によると、小児期にネグレクトを含むマルトリを受けた経験のある人は、そういった経験のない人に比べて、脳梁が萎縮していることがわかっています。

脳梁は、左右の脳をつなぐ働きをしている重要な領域です。脳梁に異常が出れば、左右の脳の情報伝達がうまくいかず、脳の発達に悪影響があります。

中でも男児の脳に顕著な影響が見られ、脳梁の中央部分のサイズが小さくなっていました。一方、女児の場合は、脳梁の中央部分のサイズ減少ともっとも深いかかわりがあったのは性的マルトリでした。

アカゲザルの研究でも、幼い頃の体験が脳梁のサイズに影響することが確認されています。アメリカのエモリー大学のマー・サンチェス氏は、生後2～12カ月のアカゲザルのうち、親から離して育てられた群と親に育てられた群の脳をMRIで調べました。すると、親から離して育てられた群は、脳梁の後ろの部分が著しく萎縮していることがわかりました。しかも、脳梁の容積が小さくなるほど、認知能力が低下することも確認されています。

ネグレクトを受けた子どもは人間関係で問題を抱えやすくなる

ネグレクトが脳に与える影響について、最新の知見をご紹介します。

ネグレクトは、親が子どもに十分な愛情を与えないという、あってはならないマルトリの一つです。ただ、他のマルトリと違って目に見える客観的な証拠が乏しいため、見逃されてしまう恐れがあります。たとえば、「暴力を振るったことはないし、暴言も口にしたことはありません。何も問題ないので放っておいてください」と言われたら、外部から介入するのはなかなか難しいのが現実です。

図4　ネグレクトを受けた子どもでは、左右の前帯状皮質の容積が増大する

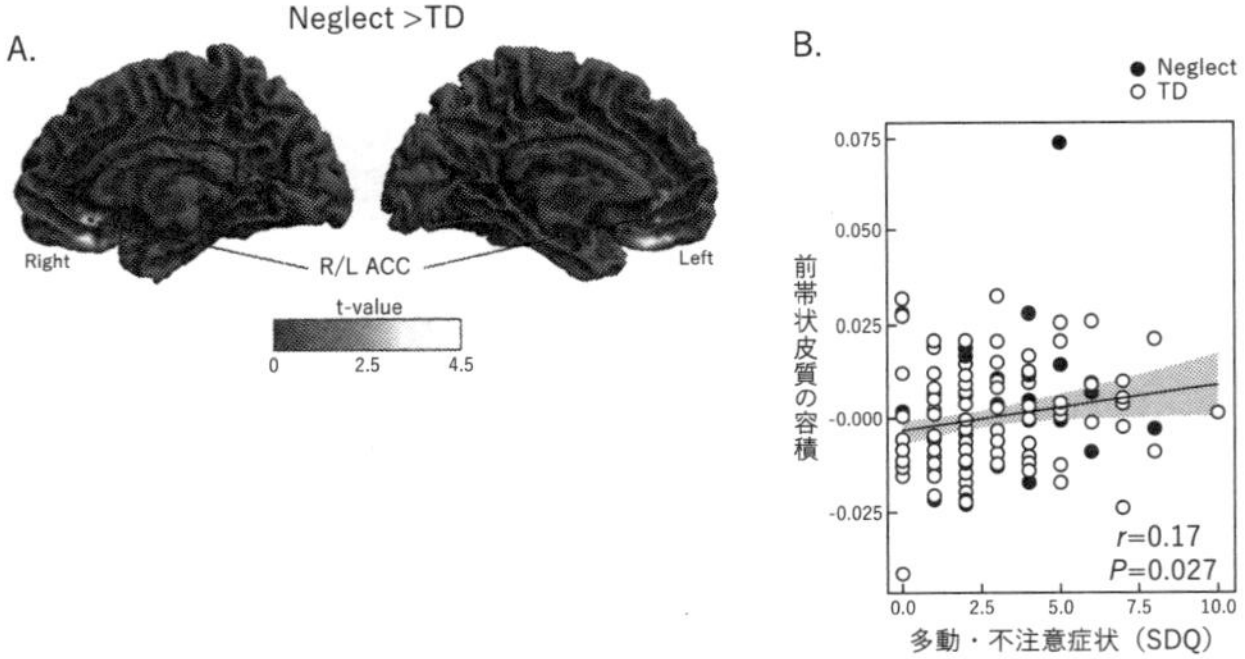

私の研究室では、ネグレクトを受けた子どもの脳にどのような影響があるのかを調べて、その手がかりを探ることにしました。今回比較したのは、ネグレクト以外のマルトリを受けていないネグレクト児23名（ネグレクト群）と、マルトリ経験がまったくない定型発達児140名の脳です。両グループの脳の構造や機能にどのような違いがあるかを調べ、その差異がネグレクト児に見られる特定の心理社会的特徴とどのように関連しているかを調査しました。

まず、ネグレクト群では、左右の前帯状皮質の容積が増大していることがわかりました。前帯状皮質は、情動に深くかかわる部分です。この部分の容積増大は、問題行動の尺度の中でも特に「衝動性」と関連していることが明らかになりました。

次に、脳のネットワークについても見てみました。前帯状皮質は左右の脳半球間で神経信号を伝える脳梁を取り囲む領域で、脳全体のネットワークの中枢の一つです。前帯状皮質の容積が増大しているということは、ネットワークにも何かしら影響があるのではないかと考えたわけです。

すると、左角回と左小脳間で機能的結合が異常に増加していることが確認されました。これは脳のネットワークが過剰に働いているということを示します。

機能的結合の増加と関連が見られたのは、「ピア問題」でした。「ピア」とは、仲間や友だち関係のことです。ネグレクト児に見られる脳の変化が、友だち関係を築く難しさやトラブルの起こりやすさと関連していることがわかったのです。これは世界でも初めての発見です。

図5　ネグレクト児の脳の変化が、友だち関係を築く難しさや抑うつを起こりやすくしている

サリエンスネットワークの
左上脊髄回と右中前頭回の間の機能的結合
ネグレクト群（n=23）＞健常群（n=140）

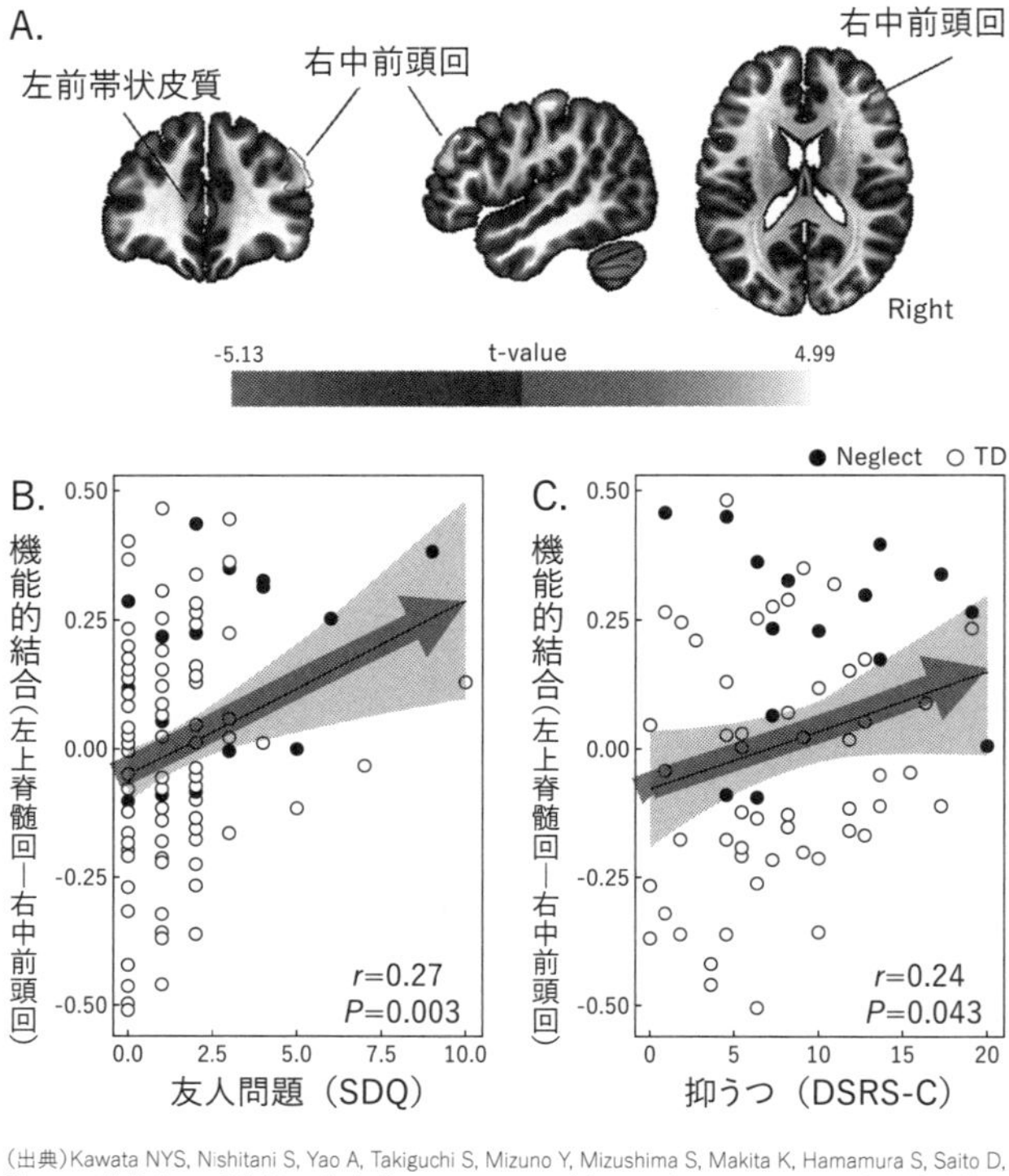

（出典）Kawata NYS, Nishitani S, Yao A, Takiguchi S, Mizuno Y, Mizushima S, Makita K, Hamamura S, Saito D, Okazawa H, Fujisawa TX, Tomoda A. Brain structures and functional connectivity in neglected children unaccompanied with the other forms of child maltreatment. *Neuroimage*, 120589, 2 April, 2024. doi: 10.1016/j.neuroimage.2024.120589, 2024.

子どもの脳を調べるということ

32ページで述べたようにマルトリには4種類あるわけですが、多くのケースでは複数のマルトリを同時に受けており、状況は単純ではありません。たとえば、身体的マルトリ、精神的マルトリ、ネグレクトを同時に受けているような例は少なくないのです。

先の「脳梁が縮む」結果を得た研究も、ネグレクト単独の影響ではなく、「ネグレクトを含むマルトリ経験」による影響でした。ですから、今回のように他のマルトリがなくネグレクトのみを経験した子どもの脳を調査できたことは、非常に価値があると考えています。

また、私がハーバード大時代に行ってきた研究は、これまで著書などでお伝えしてきましたが、対象は基本的に18〜22歳の若年成人（ヤングアダルト）でした。マルトリを受けたのは子ども時代であっても、現在は若年成人となっている人の脳を調べたのです。私たちが現在特に力を入れているのは、実際に子どもの脳を調べることです。ＭＲＩを使って脳画像を撮るには、ある程度の年齢に達していないと難しいため、調査は10歳以上の子どもを対象にしています。マルトリ経験のある子どもたちと、年齢や性別などをマッチさせた健常群の子どもたち、その保護者に同意を得て、協力していただきながら調査を進めています。この調査が可能になっているのは、児童相談所などの関係機関と信頼関係を築いてきたおかげです。

今まさに発達途中の子どもの脳を調べているので、大人になったときの脳はまた違っているかもしれません。現在傷ついている脳も、適切なケアを受けることで回復し、大人になったときには差異が見られなくなる可能性もあります。今後もさらに調査研究を進めていきたいと思っています。

ケーススタディ　お母さんから関心を持ってもらえず、学校でトラブル多発

10歳の女の子、Cちゃんは現在、両親と弟との4人暮らしです。Cちゃんは、生まれてすぐに乳児院に預けられました。両親は当時、子どもを持つことへのイメージが持てず、子育てに困難を感じていたのです。Cちゃんが乳児院を退所して、家族と一緒に暮らすようになったのは5歳のときでした。しかし、その頃にはすでに両親の関心は主に弟に向いていました。

お母さんのCちゃんへの関心は薄く、叱るとき以外はあまりかかわりを持ちません。食事やお風呂など生活に必要なものは最低限用意されていますが、子ども任せになっている部分も多く、朝食をとらずに学校へ行ったり、汚れたままの服を着ていたりすることもあります。部屋には食べ残しが放置されていたり、物が散乱していることもときどきあるようです。ただ、お母さんが定期的に片付けているので、極端に不衛生とまでは言えません。

お父さんはときどきCちゃんをかわいがってくれますが、家事や育児に積極的な感じはなく、Cちゃんは「もっとかまってほしい」「自分を認めてほしい」という不満を持っていました。

私の診察室にCちゃんとお母さんが来たのは、お母さんが「二人の子どもの面倒を見きれない」と児童相談所に訴えたことがきっかけでした。

ネグレクトのケースに該当しますが、外から明らかな証拠を見つけるのは困難だったでしょう。

私がCちゃんに話しかけると、人見知りすることなく、積極的に話をしてくれます。Cちゃんの承認欲求は、対話でも満たされることがうかがえました。

学校でのCちゃんは、授業を静かに座って聞いていることに苦痛を感じ、歩き回ったり、ティッシュペーパーでボールを作り続けるなどの手遊びがやめられません。2年生までは学習の遅れが目立つ程度でしたが、3年生から落ち着きのなさが顕著になり、同級生とのトラブルが増えていったといいます。友だちを叩く、暴言を吐くなどして、とっくみ合いの喧嘩になったこともあります。さらに、4年生になって目立つのは紙のチューイングです。ティッシュや、ノートの切れ端のような紙類を口に入れて噛むのです。それを周囲から注意されると、今度は飲み込むという「試し行動」を見せます。そうやって関心を引きたいのです。もし、周囲があまり反応しないと、今度は窓から大きく首を出すなど、さらに危険な行動に出ます。このため、特別支援学級の担任の先生が常につきっきりで見ていなければならない状況でした。

お母さんはCちゃんの特性への理解が乏しく、子育てそのものにあまりポジティブな感情を持っていない様子です。ペアレントトレーニング（後述）を受けてもらう他、心理支援を行いつつ、放課後デイサービス等の支援機関を積極的に利用することをすすめました。こうして、お母さんだけでなく、複数の支援機関が一緒にCちゃんのケア・サポートをすることで、Cちゃんの問題行動は少しずつ改善していきました。

こんなことも性的マルトリにあたる

□子どもが嫌がっているのに、一緒にお風呂に入る
□子どもが嫌がっているのに、お風呂の後などに裸や下着姿で過ごす
□夫婦の性的な関係を子どもに話す
□性的な映像や写真などを子どもの目に触れる場所に置いておく
□アニメ、漫画、映画などの性的なシーンを子どもに見せる
□子どもの裸の写真を撮る
□子どもを性的な対象として扱う

性的マルトリは、身体を触る、触らせる、性行為の強要のほか、裸の写真を撮る、ポルノグラフィを見せる、性行為を見せるといった接触のない場合も含まれます。

加害者の多くは実父母、義父母、親戚、知り合いの家族など、身近にいる大人です。閉鎖的な環境でひそかに行われることが多く、なかなか表面化しません。加害者は子どもにとって重要な人であることが多いため、気遣って言えなかったり、さらに被害がエスカレートすることを恐れて、他の人に打ち明けられなかったりします。被害者と加害者の関係が近いからこそ、事実が明るみに出にくいのです。性的マルトリは長期間にわたって繰り返されるという特徴もあり、子どもの年齢が低いうちから行われている場合、本人が「虐待を受けている」という自覚がないケースもあります。自分がされていることが、人としての尊厳を踏みにじる行為なのだと気づいたとき、どれほどの苦しみを感じることでしょうか。身体的な苦痛の他、精神的な発達において取り返しのつかない傷となり、一生その傷に苦しむ人も少なくありません。

また、性病や妊娠、性器の外傷などがない限り、外からは被害が見えにくく、第三者にわかってもらいにくい難しさもあります。勇気を出して打ち明けても、「考えすぎなのではないか」などと言われたり、受け入れられず困惑している反応を見せられたりして、「被害を受けた自分が悪いのだ」「自分には価値がないのだ」と思ってしまうことがよくあります。そして、口を閉ざしてしまうのです。

先に紹介した「児童相談所の児童虐待対応件数」（令和4年度）を見ると「性的虐待」の割合は全体の1・1%ほどですが、実際にはもっと多いと思われます。

被害を訴える葛藤

2024年3月、24歳の女性、福山里帆さんが父親からの性的虐待について訴えたというニュースがありました。父親は逮捕され、福山さんは実名で記者会見を行いました。中学2年生から高校2年生までの約3年間、自宅で実の父親から少なくとも8回被害に遭ったとのことです。会見では当時の無気力感や、同じ家の中に加害者がいて、安心してゆっくり眠ることができない状況を語りました。他の家族に気づかれないようにと一生懸命普段通りに過ごそうとしていたそうです。

子どもは、養育者がいなければ生きていくことができません。家族が壊れてしまう恐怖を前に「自分が我慢すればいいのだ」「親にも事情があるのだ」となんとか納得しようとするのです。

福山さんは高校2年生のときに、学校の保健室を通じて児童相談所に通告したことで、それ以降は被害を受けることはなくなりました。しかし、こころの傷が癒えることはなく、むしろ苦しみが大きくなってきています。通告から7年ほど経って、彼女は父親を告訴する決意に至りました。

このように名前も顔も出して、家族からの性被害を訴えるというのは非常に勇気のいることです。他の家族、親族のことや自分の将来のことなども考え、大きな葛藤があったに違いありません。福山さんは、事実が明るみに出にくい家庭内の性犯罪だからこそ、自分が伝えることで社会が変わる一助になれたらと決意したのです。私たちはこの決意をしっかりと受け止めなければならないでしょう。

男児への性的虐待はより発覚しにくい

性的虐待というと女児を対象としているように考えがちですが、男児の被害もあります。性的虐待の被害者の6〜7割が女性と言われており、残りの3〜4割は男性です。しかし、男児の場合は本人も周囲も「性的虐待の対象にはならない」と考えられているため、事実として受け止められない場合が多くあります。被害を信じてもらえず、女児よりもさらに表面化しにくいのです。

２０２３年に大きな問題となったジャニーズ事務所での性加害問題では、社長であったジャニー喜多川氏が少年を対象として性的虐待を繰り返しており、多くの被害者を生んでしまいました。長年にわたり放置・隠蔽されてきたその闇の深さや深刻さに、ショックを受けた人も多いのではないでしょうか。

この問題を機に、男児への性的虐待に対する社会の認識は高まりましたが、まだまだ十分とは言えません。特に家族からの性的マルトリは非常に発覚しにくいことはお話しした通りです。表面化しているのは氷山の一角だと思われます。

性的マルトリで視覚野が縮む

性的マルトリが子どもの脳へ与える影響はどのようなものでしょうか。

小児期に性的マルトリを受けた経験のあるアメリカ人女子学生23人と、そういった経験のない女子学生14人を対象に脳を調べたところ、性的マルトリを受けたことのあるグループは、そうでないグループに比べ、左半球の「視覚野」の容積が8％減少していました。

視覚野は、単に目の前のものを見て認識するだけでなく、映像の記憶形成に関連する重要な領域です。ここが縮んでいるということは、「視覚的なメモリ容量が減少している」と考えられます。この調査では、視覚による記憶力を測定するテストも行いましたが、視覚野の容積が小さい人ほど、視覚的な記憶力が低いこともわかりました。性的マルトリを経験した人の脳は、メモリ容量を減少させることによって、苦痛を伴う記憶を脳内に長くとどめておかないようにしているのではないかと考えられるのです。

また、調査対象者の全員が右利きでしたが、脳の左半球の視覚野で特に影響が際立っているという特徴がありました。右利きの場合、右の視覚野は「ものの全体像」を、左の視覚野は「細部」を捉える働きをしています。左の視覚野が特に小さくなっているということは、思い出したくない細部の映像を記憶にとどめないように、無意識のうちに適応が行われたのではないかと推測できます。

一緒にお風呂に入るのはいつまでか

日本では親子が一緒にお風呂に入るのは普通のことで、湯船につかりながら会話をするのも大事なコミュニケーションの時間として受け止める感覚があります。しかし、それも子どもが思春期にさしかかる前まで。個人差がありますが、9〜10歳頃が目安です。思春期は身体もこころも大きく変化します。それまでは何ともなかったものが急にイヤになったり、自分に向き合うことが増えて悩んだりするものです。「恥じらい」が出てくる時期で、親の裸を見るのも、自分の裸を見られるのも嫌なのです。そういう子どもの気持ちを無視し、「うちは家族でお風呂に入るのが決まりだから」などと言って無理やり一緒にお風呂に入れれば、性的マルトリと言えます。

アメリカでは、思春期前の子どもであっても、大人と子どもが裸で一緒に入浴すれば性的虐待を疑われ、逮捕されます。そもそも親子でお風呂に入るという習慣がなく、子どもが小さいうち（4歳くらいまで）は一緒にシャワーを浴びたりしても、それ以降は親が手伝う場合は服を着たまま手伝います。

このように、一つひとつの行為が適切かどうかは、国や文化、家庭によって異なるため、「ここまではセーフ、ここからはアウト」と線引きすることはできません。大事なのは、子どもの気持ちや身体を尊重することです。子どもが親と一緒に入浴するのを嫌がったとき、「なんだ、恥ずかしいのか」「もう毛が生えてきたのか」などとからかったりすれば子どもは傷つくでしょう。自分の身体やこころを軽く扱われたと感じ、親子の絆にひびが入るかもしれません。性的マルトリに関しては、子どもの成長とともに、親子の関係やルールも変わっていくことを心得ておく必要があるでしょう。

子どもが嫌がったら一緒にお風呂に入るのをやめるのは当然として、できれば子どもが思春期に入る前に、親のほうから「これからは一人でお風呂に入ろうね」と優しく促してあげることが望ましいです。同時に、「裸や下着姿でウロウロするのはやめよう」と約束するのがいいでしょう。お風呂上がりに親がパンツ一枚でいるのも、思春期の子にとっては嫌なものです。「そのくらいいいじゃないか」と思うかもしれませんが、子どもが嫌がっているのに続ければ、これも性的マルトリにあたります。そのような行為は、子どもの発達にいい影響を及ぼしません。

性教育は家庭で行うべきか

日本の性教育は欧米に比べ遅れていると言われます。インターネット上に性的な情報が氾濫し、簡単にアクセスできてしまう背景もあり、近年は「性教育ブーム」というほど家庭で行う性教育関連の本が多く出版されました。小さいうちから正しい情報を与えなければ危険だという認識があるのです。このような流れの中で「親が子どもにきちんと性教育をしなければならない」とプレッシャーを感じている人もいるのではないでしょうか。

もちろん、親が上手に伝えられるのであればいいと思います。わかりやすい絵本などを使いながら、「あなたの身体とこころを尊重しますよ」というメッセージとともに命の誕生や身体の変化などについて伝えられたらいいでしょう。ただ、親が性教育を行うべきだと考えすぎる必要はありません。むしろ、タイミングややり方を間違えて、性的マルトリに近いものになる恐れもあります。前提として、たとえ性教育目的のコンテンツであっても、子どもが嫌がる様子なら無理に続けるべきではありません。学校の保健体育の授業でも一定の性教育は行うはずですし、もし足りないと思えば専門家の助けを借りればいいのです。

家庭の中で気を付けたいのは、子どもが過激な性的コンテンツに触れないようにすることです。アダルトサイトにはアクセスできないようコントロールしたほうがいいですし、アニメや映画もR指定の表示があるものは、その年齢まで控えるようにします。思春期頃までの子どもの脳は脆弱で傷つきやすいので、暴力シーンも含め、刺激的な描写は避けたほうが賢明です。

なお、私の診察室へ来られる方の中で、性的虐待の通告があったケースの多くは、親が子どもにアダルトビデオなどの性的なコンテンツを見せていました。親の性交渉を見せたり、映像などで過激な性描写を見せたりするのは性的マルトリです。性教育などと言えるはずもなく、子どもは性的逸脱行動をするようになったり、性犯罪に巻き込まれやすくなったりします。

ケーススタディ　養父からの性的マルトリを受けていたケース

中学1年生のDちゃんが、お母さんと一緒に私の診療室に来たのは摂食障害や不眠、幻覚などの症状があるからでした。大量にスナック菓子やプリンなどの甘いものを食べたあとにトイレで吐くという行動を繰り返しており、知らない男の人が後ろからついてくるといった幻覚を訴えるようになりました。新学期の時期などストレスの溜まりやすい頃には特に頻繁になっています。また、夜に布団に入ってもなかなか寝付けず、深夜3時や4時まで起きていることがあります。あるときは無意識にカッターナイフを取り出し、左上腕に傷をつけていたということでした。

Dちゃんの情緒の不安定さは、小学校3年生頃から顕著になっていたようです。

Dちゃんのお母さんは、夫から日常的に暴力を振るわれており、Dちゃんが小学1年生のときに離婚。3年生のときにDちゃんを連れて再婚しました。その頃、小学校を転校し新しい環境での生活がスタートしたのですが、Dちゃんはすぐに学校に行けなくなってしまいました。

実は再婚してすぐ、養父からの性的マルトリが始まっていたのです。お母さんは夜勤の仕事で家を空けることがあり、そういうときに養父はDちゃんに近づいてきます。服の上から身体をなでまわされたり、寝ているDちゃんに抱きついてきたりしました。しかしDちゃんはこのことをお母さんに言うことができません。毎日不安に思いながら、耐えていました。

学校では情緒障害が認められ特別支援学級に移り、五月雨登校を続けていました。5年生になる頃、お母さんが性的マルトリに気づきます。Dちゃんの体を触っている養父を目撃したのです。お母さんは、児童相談所に相談すると同時に別居を決めました。現在は離婚に向けて調停中だということです。

「私のせいで……」

お母さんは声を詰まらせました。このお母さん自身も、子どもの頃はネグレクトを受けて育ちました。子育ては頑張ってきましたが、適切な人間関係を築くことがなかなか難しいのです。

「お母さん、大変でしたね。これからは私たちがいるから大丈夫ですよ」

まず安心してもらうことが大事です。時間はかかるかもしれませんが、親子ともにトラウマの治療をしていく必要があります。

Dちゃんはよく体調が悪くなり、気分も落ち込むということなので、体の部位を示しながらどのように具合が悪いのかを一つひとつ聞いていきました。

頭：後頭部がじゅわーっとなり力が抜ける。頭痛はよくある。自分がいま何をしていたのか、記憶が急に飛んでしまうことがある。

耳：聞こえているのに、何を言っているのかわからないような違和感が右耳にある。

胸：ドキドキ、ズキズキする。

お腹：全体が痛い、ズキズキする。

手先：ときどき力が抜けて鉛筆を持っていられなくなり、落としてしまっていることがある。

気分：学校にいる間はだいたい気分が落ち込んでいる。夜は3時、4時まで眠れない。

詳しく話を聞いていくと、Dちゃんには解離を疑う症状がありました。「解離」とは、自分の思考、感情、記憶、または自己感覚が切り離される状態を指します。通常、強いストレスやトラウマに対する反応として現れます。こころの防衛機制の一つと考えられます。眠ることができない「過覚醒」の症状もあります。幼い頃は面前DV（実父による実母へのDV目撃）、そして思春期手前からは性的マルトリという大きなストレスを受け続けたことで、Dちゃんの脳とこころは著しく傷ついているのです。

診察後、EMDRというトラウマ治療（後述）と心理支援を中心に行っていくことを伝え、Dちゃん親子は了承してくれました。4週間に一度は診察室を訪れ、辛い体験を小さくしていく作業を行います。同時に、特別支援級の先生などとも連携して慎重に見守っていくことにしました。やや重症なケースではありますが、時間をかけて少しずつ、確実に症状が改善してきています。

第二章

マルトリが子どもに与える悪影響

人間の脳の発達

前章では、4種類のマルトリが子どもの脳に与える影響について述べました。そのメカニズムを理解するため、まず人間の脳の発達についてお話ししておきましょう。

人間の脳は、母親の胎内にいるときから成人期、場合によっては老年期に至るまで発達しながら大きく変化していきます。出生時には400gほどだった脳は、爆発的に成長をし、1歳で900g程度にまでなります。大人の脳は1200〜1500gですから、1歳時点ですでに大人の約70％の重さに成長をするわけです。

脳の急激な成長時期に何が起こっているのかというとシナプスの形成です。まず、胎児のときにニューロン（神経細胞）が生まれ、誕生時にはすでに約140億ものニューロンができあがっています。さらに、生後も新しいニューロンが生まれ、脳内の目的の場所へと移動します。目的地に到達したニューロンは、軸索や樹状突起を伸ばして他のニューロンと接続します。ニューロン同士をつなぐこの接続部をシナプスといい、赤ちゃんの脳の中ではシナプスの形成が劇的に起こっているのです。しかし、過剰にシナプスが形成されると脳の代謝に負荷がかかり、神経伝達の効率が悪くなってしまいます。そ

図6　脳は1歳で大人の約70％に成長する

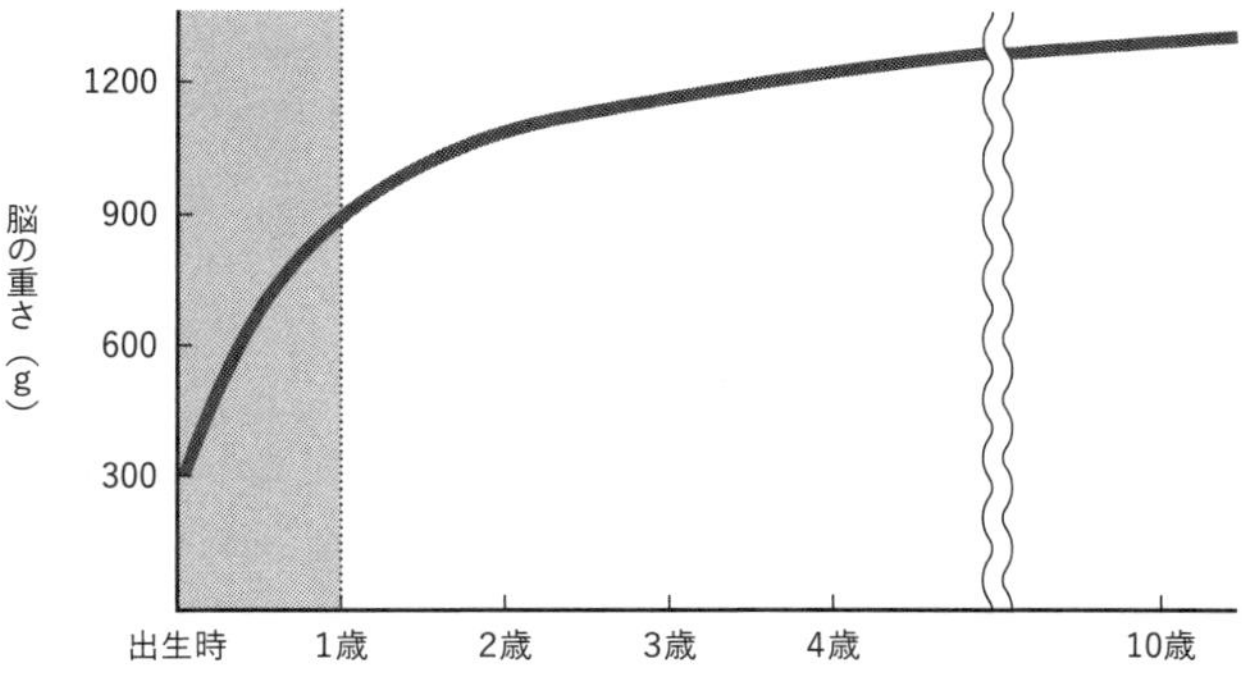

（出典）『小児科学第11版』（文光堂，2023）を改編

こで、生後1年目からは不要なシナプスを削除する「刈り込み」と呼ばれるプロセスが行われます。この刈り込みを繰り返しながら脳は発達を続け、最終的に前頭葉の成熟プロセスが終わるのは20代の終わり頃です。

このように乳幼児期の脳は驚異的な成長を遂げますが、単純に時間が経てば成長するというものではありません。十分な栄養、睡眠、そして、良い活動や体験があってこそ健やかに発達していきます。

慢性的なストレスが脳を変える

では、この重要な時期にマルトリによるストレスを受けると脳にはどのような影響があるのでしょうか。1～2回の暴言や軽く手が出てしまった

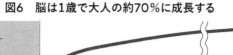

図7　慢性的で強いストレスで扁桃体は暴走する

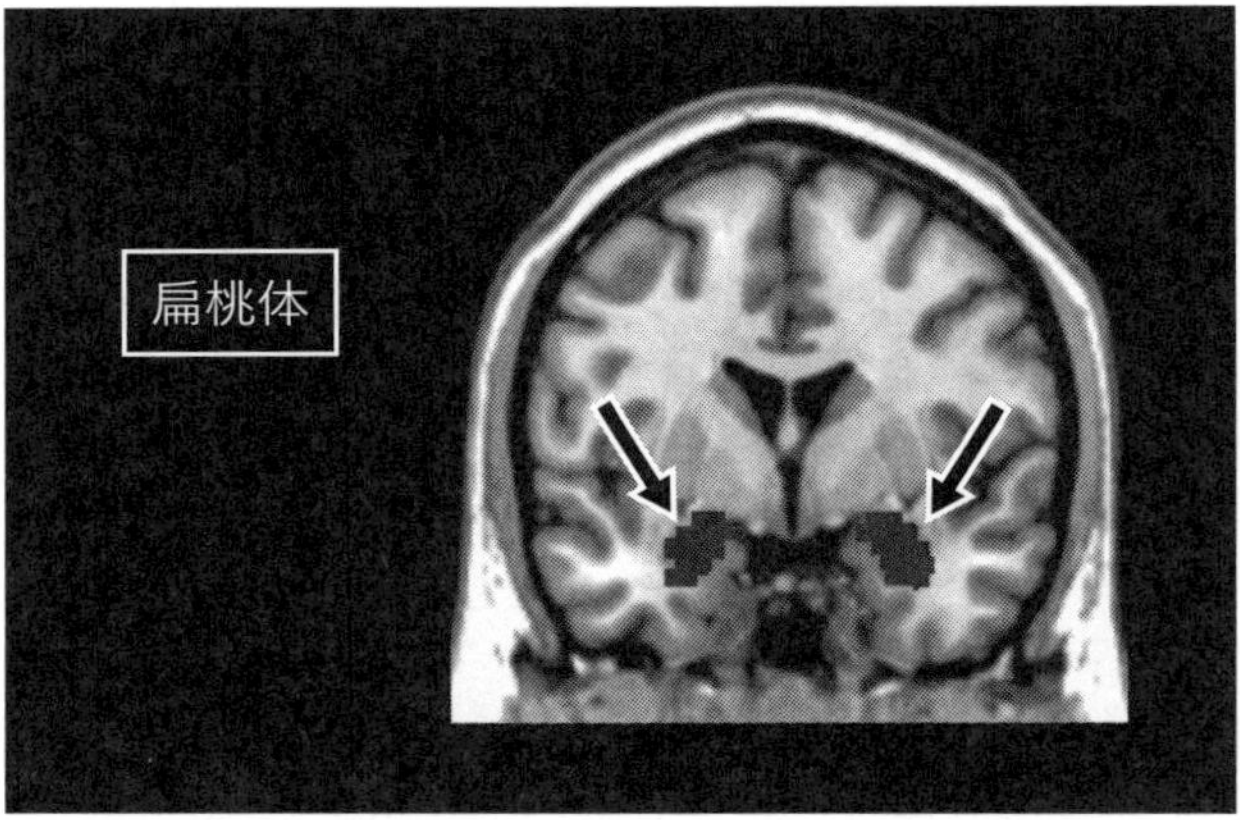

（出典）『子どもの脳を傷つける親たち』（NHK出版，2017）

程度なら、さほど問題にはなりません。脳に深刻な悪影響が出るのは、慢性的で強いストレスを受けたときです。「おまえなんか産むんじゃなかった」「バカでどうしようもない子」などと繰り返し言われたり、何度も叩かれたりすると、脳の扁桃体に影響を及ぼします。

　扁桃体とは、側頭部の内側にある一対のアーモンドのような形をした器官です。この部分は進化の中でも古い皮質に属し、情動にかかわる重要な役割を果たしています。外部からの情報に対して、快・不快などの本能的な感情で判断をくだし、特に危険と結びつく情報に対して敏感に反応します。

強いストレスによって、扁桃体は暴走してしまいます。私たちの腎臓の上に位置する「副腎」の外層部分、「副腎皮質」に指令を出し、ストレスホルモン「コルチゾール」を大量に放出するのです。コルチゾール自体は、生命の維持に欠かせない大事なホルモンです。交感神経を刺激して身体の緊張状態を保ったり、脈拍や心拍数を上げて脳を覚醒させ、ストレスに対抗できるようにします。コルチゾールには炎症を抑える働きがあるため、ステロイド系抗炎症薬として治療にも使われます。

一時的なストレスであれば、正常な量が分泌されているコルチゾールも、慢性的なストレスで扁桃体が暴走している状態では過剰に放出され、脳を変えてしまいます。特定の部位が萎縮する、肥大するなど「変形する」ことになるのです。

「いつ」マルトリを受けたかで影響が変わる

これまで見てきたように、マルトリの種類によって、脳のどの部分がどう変形するかは違います。たとえば、両親のＤＶ目撃が続くと脳の視覚野が萎縮するのでした。恐怖を呼び起こすＤＶの視覚的な記憶を、脳にとどめておかないようにメモリ容量を減らし

図8　マルトリが脳に与えるダメージ

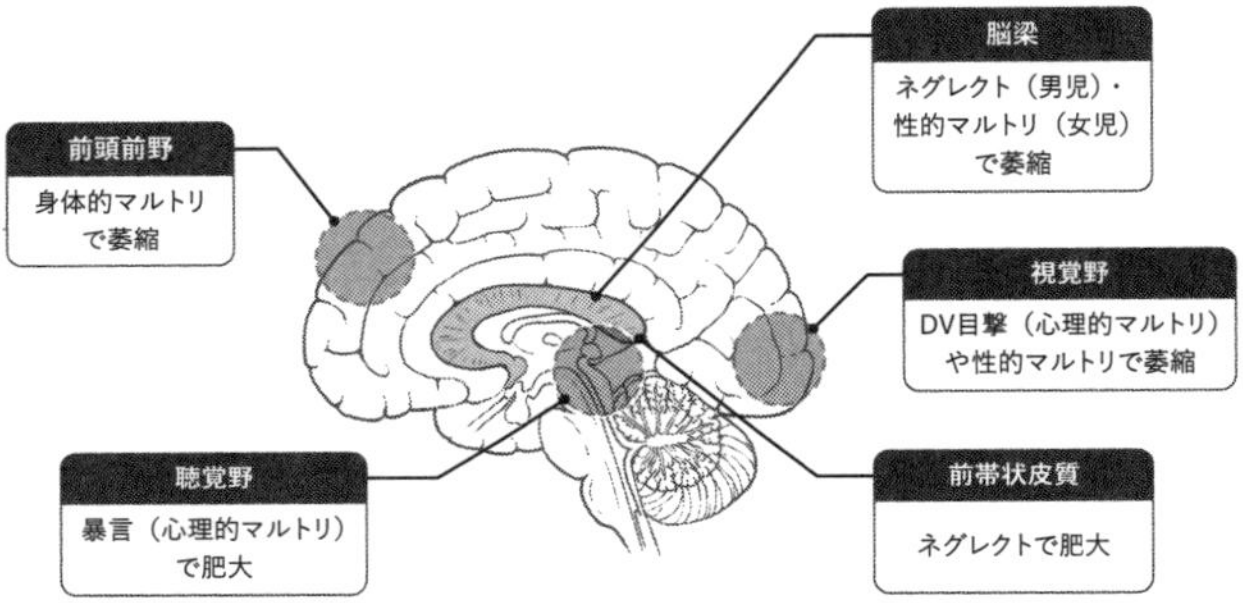

ているのではないかと考えられます。苦しみを少しでも回避するため、悲しい適応が起きているのです。

身体的マルトリ――前頭前野が萎縮
心理的マルトリ：暴言――聴覚野が肥大
心理的マルトリ：DV目撃――視覚野が萎縮
ネグレクト（男児・女児）――前帯状皮質が肥大
ネグレクト（男児）――脳梁が萎縮
性的マルトリ――視覚野が萎縮
性的マルトリ（女児）――脳梁が萎縮

複数のマルトリを受けたときは、脳のダメージは複雑になり、より深刻になります。

もう一つ大きな要素となるのが「いつ」マルトリを

受けたのかということです。

脳はどの部分も同じペースで発達していくわけではなく、部位によって「育ち盛りの時期」が決まっています。これを「感受性期」と呼びます。感受性期にストレスにさらされると、脳は大きなダメージを受けることがわかっています。

たとえば、性的マルトリを受けると「視覚野」「脳梁」の他にも「海馬」「前頭前野」が影響を受け、萎縮します。これらすべてが一様に影響を受けるわけではなく、マルトリを受ける年齢によって影響を受ける場所が異なっています。それぞれの感受性期にもっともダメージを受けることが読み取れるのです。

研究の結果、「視覚野（一次視覚野）」にもっとも影響があるのは11歳頃までに性的マルトリを受けていた人だということがわかっていますが、これは一次視覚野の感受性期と見事に一致します。一次視覚野のシナプス密度は生後8カ月ほどでピークに達し、その後は刈り込みを行いながら11歳頃までに成人レベルになるという報告があるのです。

そのほか、性的マルトリを受けた年齢によって大きく影響を受けていた部位は次の通りです。

・記憶をつかさどる「海馬」：3～5歳

・右脳と左脳の情報をつなげる「脳梁」：9〜10歳
・意思決定にかかわる「前頭前野」：14〜16歳

このように、マルトリストレスを受けた時期と感受性期が一致する脳の部位が特にダメージを受けているのです。

大人も強いストレスが続けばストレスホルモンが過剰になり、脳に影響を及ぼしますが、発達途中の子どもの脳は大人よりはるかに傷つきやすいことがおわかりいただけるのではないでしょうか。

ご褒美に対する反応が薄い愛着障害

愛着障害の子どもは、褒められても反応が薄く、ご褒美を用意されてもやる気を出しにくい傾向があります。この背景には、脳の機能に関係する変化があると考えられています。

脳には、欲求が満たされたときや、これから満たされると感じたときに活性化し、喜びや快楽を感じる「報酬系」というシステムがあります。この報酬系には、特に大脳の深い部分にある「線条体」という部位が関係しており、この部位の活動が弱いと、報酬が得られても喜びを感じにくくなります。

「愛着障害の子ども」「ＡＤＨＤ（注意欠如・多動症）の子ども」「健常な子ども」の３グループを対象に、「カードを当てることができるとお小遣いがもらえる」というゲームを用いた実験で脳の反応を調べたところ、次のような結果が得られました。

・健常な子どもは、報酬の有無や金額の大小にかかわらずゲーム中に脳が活性化した。つまり、どんな状況でもモチベーションが高まりやすい。

・ＡＤＨＤの子どもは、たくさんお小遣いがもらえるときには脳が活性化したが、少ない場合はほとんど反応しなかった。ただし、薬を服用するなど何らかの治療を行えば、少ないお小遣いでも脳が活性化した。

・愛着障害の子どもは、報酬の有無や金額に関係なく脳が活性化しなかった。

線条体の活動が弱いということは、ちょっとした報酬では十分な喜びや快楽を感じられないということです。より強い刺激を求めるようになり、薬物やアルコールに手を出して依存症に陥るケースも少なくありません。

また、線条体の感受性が高まる1歳頃にマルトリを受けると、ご褒美への脳活動がもっとも低下することが明らかになっています。

愛着障害の子どもは、褒めても反応が薄いので「嬉しくないのかな」と思い、落胆して褒めなくなってしまう人がいるかもしれませんが逆です。それならもっと褒める必要があるのです。健常な子ども以上に褒め育てを行う必要があるのです。時間がかかっても根気よく褒め育てを行うことによって必ず脳は回復します。

マルトリは病気のリスクを高める

子ども時代にマルトリなどの逆境体験があると、さまざまな病気、こころの疾患を抱える可能性が高いことがわかっています。

1990年代、アメリカのカイザー・パーマネンテという健康保険会社と疾病予防管理センターが共同で、子ども時代の逆境体験がその後の人生にどのような影響を及ぼすかを検証する調査を行いました。健康保険加入者1万7000人以上を対象とした大規模な調査で、これをACE研究と呼びます。ACEはAdverse Childhood Experiences（幼少期逆境体験）の略です。18歳までの子ども時代に経験するトラウマとなるような出

図9　ACEの項目

- □ 心理的な暴力を受けていた
- □ 身体的な暴力を受けていた
- □ 性的な暴力を受けていた
- □ 心理的なネグレクトを受けていた
- □ 身体的なネグレクトを受けていた
- □ 両親が別居または離婚している
- □ 母親（父親）が暴力を振るわれていた
- □ アルコールや薬物乱用者が家族にいた
- □ 家庭に慢性的なうつ病、精神病、自殺の危険のある人がいた
- □ 家族に服役中の人がいた

来事を指します。

18歳になるまでに、図9の10項目に該当する体験が「ある」と答えた数の合計がACEのスコアとなります。

項目を見ていただくとわかるように、中心となるACEはマルトリです。マルトリ以外の項目に該当する人も、多くは「アルコールに依存している親から暴力を受けていた」「慢性的なうつ病の親から心理的・身体的ネグレクトを受けていた」というように複数の項目に該当していると思われます。

スコアが4以上の人は、こうした逆境体験がない人（スコア0）に比べて「自殺企図」が12・2倍、「アルコール依存」が7・4倍、「抑うつ」が4・6倍起こりやすいことがわかっていま

図10　ACEのスコアが4以上の人はスコア0の人と比べて、あらゆるリスクが高まる

自殺企図	12.2倍
アルコール依存	7.4倍
抑うつ	4.6倍
違法薬物	4.7倍
COPD（慢性閉塞性肺疾患）	3.9倍
虚血性心疾患	2.5倍
脳卒中	2.4倍
肺炎／黄疸	2.4倍
ガン	1.9倍
糖尿病	1.6倍
寿命	約20年短くなる

（出典）Felitti 1998;Dube 2003;Anda 2006

す。こころの疾患に悩まされることから違法薬物に手を出しやすく、スコア4以上の人は4・7倍、スコア5以上になると9倍という結果でした。

また、スコア4以上の人はスコア0の人と比べて「COPD（慢性閉塞性肺疾患）」3・9倍、「虚血性心疾患」2・5倍、「脳卒中」2・4倍、「肺炎／黄疸」2・4倍、「ガン」1・9倍、「糖尿病」1・6倍と、病気のリスクが高いこともわかりました。これらは死因トップ10の中に入る病気です。そして、なんと寿命は約20年も短くなるという結果が出ています。

図11　マルトリが健康や寿命に及ぼすメカニズム

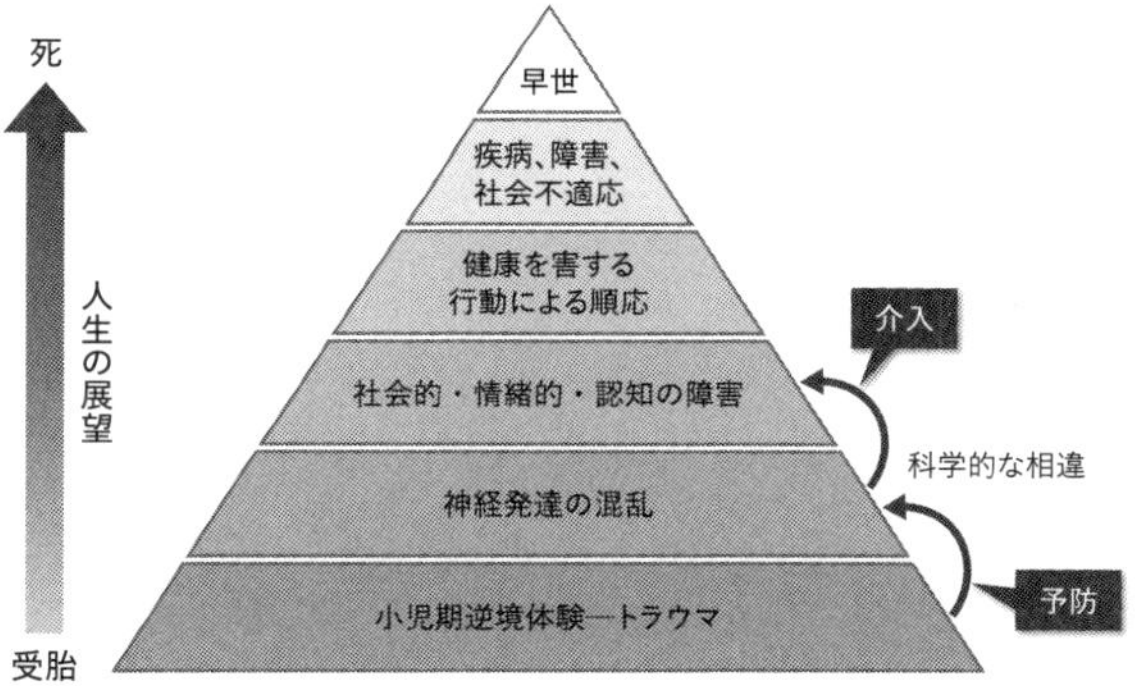

（出典）米国疾病予防管理センター

マルトリが健康や寿命にまで影響を及ぼすメカニズムとは

子ども時代の逆境体験が、なぜこれほどまでに生涯にわたって心身の健康に影響を及ぼすのでしょうか。そのプロセスをわかりやすく表したのが「ACEピラミッド」です。カイザーの予防医学部門主任だったフェレッティ博士が提案し、疾病予防管理センターが完成させたモデルです。

子ども時代に受けたマルトリなどの逆境体験があると、健全なこころや神経の発達が損なわれます。そして、社会的・情緒的・認知的障害を抱える可能性が高くなります。

・社会的障害──対人関係に苦しむようになる
・情緒的障害──意欲の消失、集中力の低下、う

図12　ACEピラミッドは「親世代のトラウマ」から始まっている

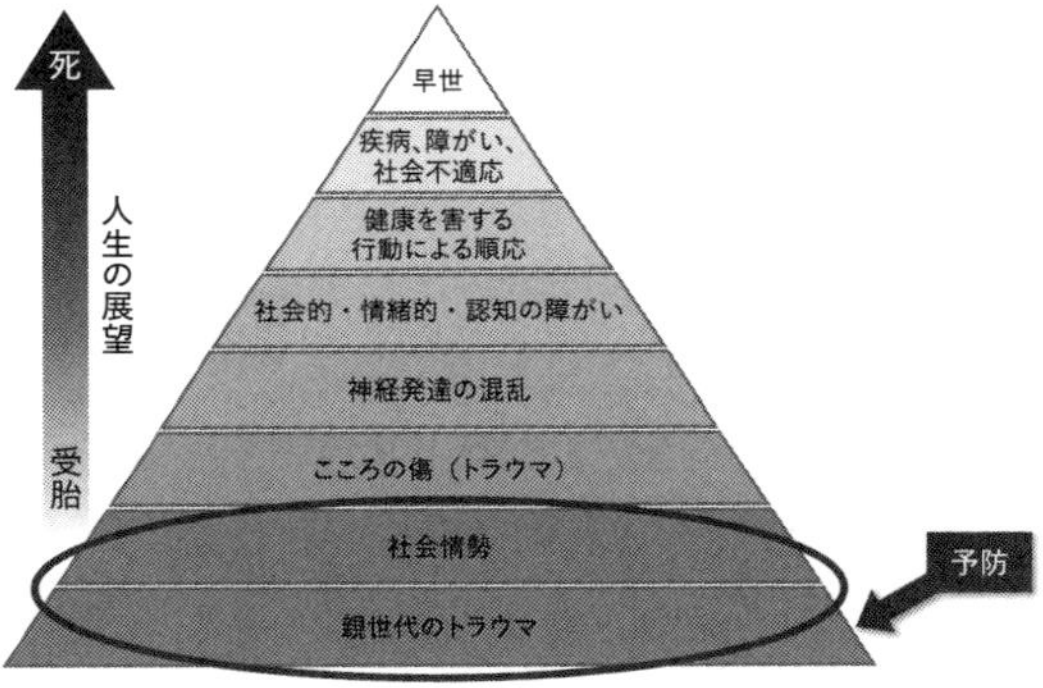

つ症状の発現

・認知的障害——認知機能がなかなか上がらない

これらの障害への対処として、アルコールや薬物乱用、喫煙、食生活の偏りなど健康を害する行動が選ばれやすくなります。すると、疾病、障害、社会不適応が生じて、最終的に早期の死亡に至るということなのです。

このメカニズムから考えれば、ピラミッドの上位にある障害等を防ぐために、より下位の段階で介入や予防の策を講じる必要があります。

1990年代に作成されたオリジナルのACEピラミッドは逆境体験を底辺とした6段階のものでしたが、2020年にはさらに「社会情勢」「親世代のトラウマ」が追加されたピラミッドが登場しています。

子ども時代の逆境体験の背景に社会情勢があり、その社会情勢を作り出している背景に親世代のトラウマがあるということです。

あとで詳しく述べますが、マルトリの世代間連鎖については以前から指摘されています。マルトリを予防するためには、親世代のトラウマにも目を向けなければなりません。ＡＣＥピラミッドが親世代のトラウマから始まるようになったのは非常に重要だと思っています。

マルトリは高校中退、失業、貧困のリスクを上げる

疫学から始まったＡＣＥ研究は、精神医学、遺伝学、心理学、社会学など幅広い分野に波及し、国際的に広がりを見せています。

アメリカの疾病予防管理センターのマリリン・メッツラーらは、ＡＣＥと成人後の社会経済的地位との関連について研究を行いました。使用したのは２０１０年のＢＲＦＳＳという世界最大の電話健康調査によるもので、２万７０００人以上のデータです。

その結果、ＡＣＥスコアが高いほど、「高校中退」「失業」「貧困」になるリスクが高いことが示されました。ＡＣＥスコアが４以上の人は、０の人に比べて「高校中退」は２・

3倍、「失業」は2・3倍、「貧困」は1・6倍なりやすいという数値が出ています。

子ども時代の逆境体験は、生涯にわたって心身の健康に悪影響を及ぼすだけではなく、成人後の社会経済的地位においても不利になりやすいことが明らかになっているのです。

マルトリでDNAのメチル化が進む

ACEピラミッドは、ACEが心身の健康に悪影響を及ぼす大まかなプロセスを示してはいますが、その逆境体験が具体的にどのように心身を蝕んでいくのかという詳細は示されていません。

私たちは、マルトリが神経生物学的基盤に与える影響とそのメカニズムを探ってきました。

その一つが、これまでお話ししてきたようなマルトリストレスが引き起こす「脳そのものの変化」です。

もう一つ重要な観点として取り上げたいのが「エピジェネティックな変化」です。1990年代にはまだほとんどわかっていなかったエピジェネティクス（後成遺伝学）は近年本格的に研究されるようになり、注目を浴びています。

エピジェネティクスについて説明するには、「遺伝子」の話から始めなければなりません。

遺伝子は、人の身体が正常に働くための設計図のようなものです。

私たちの細胞の中にあるＤＮＡは、Ａ（アデニン）、Ｔ（チミン）、Ｃ（シトシン）、Ｇ（グアニン）という4つの塩基で構成されています。この塩基の並び順が「遺伝情報」であり、遺伝子は遺伝情報の一つの単位です。遺伝子は親から子へ遺伝情報を受け継いでいます。

この遺伝子は、スイッチをオン／オフすることで働きが変わります。キーワードになるのは「ＤＮＡのメチル化」です。

メチル化とは、遺伝子のＣ（シトシン）の部分に「メチル基」がくっついて、スイッチがオフになる現象のことです。遺伝子のスイッチがオフになって、働きが抑制されることになります。メチル化は加齢とともに変化していき、さまざまな病気とも関連があります。

研究室では、マルトリ経験のある子どものＤＮＡを調べ、マルトリがメチル化を加速

図13　マルトリ児のメチル化年齢は実年齢より高い

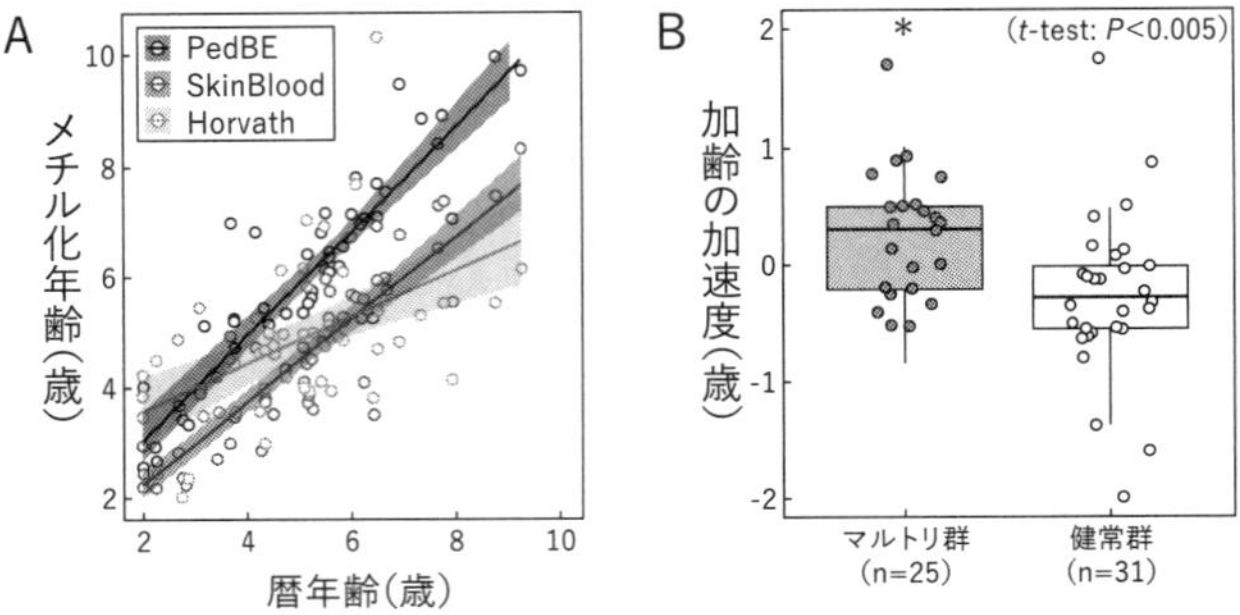

（出典）Nishitani S, Suzuki S, Ochiai K, Yao A, Fujioka T, Fujisawa TX, Tomoda A. Accelerated epigenetic clock in children exposed to severe maltreatment. *Psychiat Clin Neuros*, Dec 10; 2020.

することを世界で初めて明らかにしました（2020年）。

詳しく見てみましょう。

2〜9歳のマルトリ経験のある子25名、そうした経験のない一般家庭の子31名にご協力いただき、頬粘膜からDNAを抽出しました。綿棒で頬の粘膜をぬぐって唾液をとるのですが、唾液から抽出するDNAが脳のDNAにもっとも近いことがわかっています。このDNAから「メチル化年齢」を計算しました。

その結果、マルトリ児のメチル化年齢は実年齢より高い、つまり、メチル化が加速していることがわかりました。

DNAメチル化のように、遺伝子のスイッチオン／オフによる制御を「エピジェネティクス」と言います。メチル化年齢が加速しているということは、エピジェネティクスが変化しているということです。

エピジェネティクスの変化は可逆的

マルトリ経験は、言うまでもなく非常に大きなストレスです。適度なストレスは心身を強くしてくれますが、生命を脅かすような大きなストレスに慢性的にさらされていると、神経系や内分泌系、免疫系に影響があることは研究者たちの間ですでに知られていました。

繰り返しになりますが、ここで新たに強調したいのは、「エピジェネティクスの変化」です。慢性的ストレスによってエピジェネティクスが変化し、それがさまざまな部位に影響することが最近の研究でわかってきました。

2019年に科学雑誌ネイチャー系の Neuropsychopharmacology に掲載された私たちの研究は、オキシトシン受容体のエピジェネティクスに関するものでした。

オキシトシンは、信頼関係や愛情の形成においてとても重要な役割を果たすホルモンで、「愛情ホルモン」とも呼ばれます。オキシトシンが不足すると、他人とのかかわりに不安を覚え、友好的な関係を結びにくくなったり、関係を維持するのが難しくなったりします。

マルトリを受けた経験がある乳幼児のオキシトシン受容体を調べたところ、メチル化によってオキシトシンが働きにくくなっていることがわかりました。マルトリ児は非マルトリ児と比べてオキシトシン遺伝子のメチル化率が高く、オキシトシンが働きにくいことによってさまざまな障害が出ているのです。

つまり、マルトリによる愛着障害の背景には、遺伝子上の後天的な変化があるのです。これはエピジェネティクスの変化ですから、染色体の異常とは違って、「可逆性」があります。メチル化でスイッチオフになってしまった遺伝子も、再びスイッチオンして、元の働きに戻すことが可能です。これを「脱メチル化」と呼びます。

なお、オランダでの退役軍人を対象にした研究で、トラウマからの回復による脱メチル化が実証されています。

戦争体験によりPTSD（心的外傷後ストレス障害）の症状が出ており、ストレス感受性にかかわるDNAのメチル化が進んでいる患者にトラウマ治療を行い、治療前後のDN

Ａを分析したところ、ＰＴＳＤの症状改善とメチル化減少が有意に関連していました。トラウマ治療によって症状が改善した人は、脱メチル化が起こって一般人とほぼ変わらなくなっていたのです。つまり、適切な治療や支援、こころのケアを行うことによって、遺伝子のスイッチは再びオンにできるのです。さらにエピジェネティクスの研究と実証が進めば、マルトリストレスが生涯にわたって与える悪影響を軽減し、人生の質を向上させていくことができるはずだと考えています。

愛着障害の子どもに対する褒め育てとオキシトシン

私たちが行った、愛着障害の子どもを対象にした研究では、一度のオキシトシン製剤の点鼻で報酬系の反応が改善されることが確認されました。

愛着障害の子どもは、脳の報酬系において褒美に対する感受性が低下しており、欲求が満たされたとき、あるいはこれから満たされる状況でも、喜びや快楽を感じにくいという話をしました。これには脳の報酬系の中でも線条体がかかわっています。私たちの研究では、オキシトシン点鼻液とプラセボ（偽薬）両方の効果を比較しました。その結果、オキシトシン点鼻液を投与した場合、線条体の反応（ご褒美に対する感受性）に改善傾向が見られました。一方、プラセボではそのような効果は見られませんでした。しかも、症状が重い子どもほど、オキシトシン点鼻液の脳への効果が強くあらわれることがわかったのです。ここで愛着障害を持つ子どもへの対応で特に重要となるのが「褒め育て」です。研究によれば、「褒め育て」は脳の報酬系を活性化させ、下垂体後葉からオキシトシンの分泌を促す効果があることが明らかになっています。先にも述べたように、オキシトシンは、信頼感や絆《きずな》を深めるホルモンとして知られており、子どもが安心感を得られることで、健やかな成長につながるとされています。

現在、日本ではまだ愛着障害に対してオキシトシン点鼻液の使用は認められていませんが、今後さらに愛着障害の神経生物的基盤を明らかにしつつ、新しい治療法を開発していきたいと考えています。早期介入とこころのケアや褒め育てに加えて、オキシトシン製剤の投与が生きづらさを大きく改善するかもしれません。

共働きがマルトリリスクを高めることはない

米国疾病予防管理センター（2020年）の修正版ACEピラミッドを見ると、マルトリの背景には社会的な要因が存在することがわかります。では、現代のマルトリの背景となる社会情勢とはどのようなものでしょうか。

それはやはり、都市化や核家族化が進み、親が孤立して子育てを行う状況、つまり「孤育て」になってしまっていることでしょう。そのうえ、子育ての成功談や天才を育てる教育法といった情報が氾濫し、「子育てで成果を出さなくてはならない」「子育てはすべて親の責任」というプレッシャーが親たちに重くのしかかるしんどさがあります。「子育てしやすい社会に」と言われながらも、その実現にはほど遠く、限界ギリギリのところで奮闘している親がたくさんいるのが現状ではないでしょうか。

現代日本は共働きが当たり前になっており、日本全国でおよそ1200万世帯が共働き世帯です。また、こども家庭庁が2023年度に策定した「こども未来戦略」でも、「2030年代に若年人口が急激に減少する前の、今後6年程度が少子化傾向を反転させるラストチャンス」と示されています。この加速化プランの中で、こども・子育て世帯への経済的支援や、社会の意識改革の重要性が強調されるとともに、「共働き・共育ての推進」も明記されています。

「子どもが小さいうちは、お母さんがつきっきりで面倒を見たほうがいい」という考え方は、面と向かってはっきりと言う人は少ないかもしれません。しかし、「そんなに小さいうちから働かなくてもいいんじゃない？」とか「やっぱり面倒を見るのはお母さんでないとねぇ」といった言葉にプレッシャーを感じたことがある人は多いようです。

ここでお伝えしておきたいのは、「共働きとマルトリとの間には相関関係はない」ということです。共働き世帯だからといって、マルトリリスクが高くなるという事実はありません。

むしろ、母子が孤立することなく、祖父母や保育園、地域の子育て支援などを頼りながら、みんなで子育てをする環境であればリスクは下がるはずです。さらに、子どもにとっても、複数の大人に育ててもらうことで情緒の発達が促進されるというポジティブな面があります。

仕事をしていれば、時間的に、あるいは体力的に制約が出ることは避けられません。一方で、経済的には余裕が生まれ、社会と接点を持っていることで安心感が生まれ、精神的にも余裕ができるかもしれません。いずれにしても、親自身のこころに余裕があることが大事です。

ですから私は、親御さんに「24時間ずっと親が子どもの面倒を見なければいけないわけじゃないんですよ」とよく伝えています。プレッシャーを感じて、ストレスを抱えることのほうが問題です。

一緒に過ごす時間が短くても、帰宅後や休みの日にはしっかり愛情を注げばいいのです。スキンシップをとり、たくさん会話をして、愛情を感じる時間の「濃度」を高めてください。濃度の濃さが重要です。絵本を読んであげたり、自然の中に出かけて一緒に遊ぶのもいいでしょう。「子どもに愛情が伝わっていれば、それで大丈夫です。「幼いうちから保育園等に預けると安定した愛着が形成されない」などという誤った考えがあるとしたら、それは改めていかなければならないと思っています。

なお、私が住んでいる福井県の「共働き率」は日本一です。多世帯同居が多く、有効求人倍率も高いので、子育てはおじいちゃん・おばあちゃんに頼りながら、お母さんも働きに出るのが一般的です。また、地域の子育て支援サービスも充実しています。このような環境が整っているおかげで、私は地域と連携しながら研究を進めることができていると感じています。

マルトリと貧困

ひとり親家庭はマルトリリスクが高いのではないかと聞かれることがあります。これも一概には言えません。周囲の協力を得ながら、子どもに愛情を注ぎ、楽しく子育てをしている方たちも大勢いることを知っています。

ただ、貧困はマルトリのリスクになります。経済的に余裕がないために、学童保育を利用できない、家事支援サービスを受けられないというように、さまざまなリソースに頼れず子育て自体が大変になってしまうのです。国や自治体はひとり親世帯の支援に力を入れ始めていますが、まだまだ行き届いているわけではありません。

また、栄養のある食事を与えられない、満足に学校に行かせられないとなれば、やはりマルトリに近いと言えます。

それだけではありません。貧困の背景は複雑で、DVが絡んでいることも多いです。夫のDVから逃れるために、母子でシェルターに避難しているケースも見聞きします。こうした環境で貧困から抜け出すことは非常に難しく、子どもにも貧困が受け継がれます。貧困は連鎖していくのです。

マルトリの連鎖の研究

マルトリもまた連鎖します。マルトリリスクがもっとも高いのは、親自身にマルトリを受けた経験がある家庭です。

今回、世界で初めてマルトリの世代間連鎖に関する脳科学的なエビデンスを得たのですが、その話をする前に動物の実験・研究について紹介しておきましょう。

ラットの実験では、母ラットの養育の仕方が子ラットに受け継がれることがわかっています。母ラットが子ラットの毛づくろいをしたり、なめてあげたりというようにいい子育てをしている場合、子ラットはストレスに強くなり、成長してからも同じような子育てをします。一方、母ラットから適切な養育を受けなかった子ラットは「ストレス脆弱性」が生じ、親になったときに我が子を育てなくなったのです。

また、アカゲザルについての報告もあります。母ザルから殴る、蹴る、噛むなどの虐待を受けていた子ザルは、成長して子どもを産んだ後、その子どもにも同じように虐待をするようになりました。一方で、虐待する母ザルから早い時期に子ザルを引き離し、虐待しない別の母ザルに育てさせると、その子ザルは虐待せずに子育てできる母ザルへと成長することが報告されています。

人間社会でも、虐待が世代を超えて連鎖していくのは間違いないと見られています。

イギリスの精神科医ジャック・オリバー氏の研究（1993年）によると、子ども時代に虐待を受けた人が親になったとき、自分の子どもに対してどう振る舞うかの割合は次の通りです。

・自分の子どもに虐待を行うようになる人：3分の1

・普段の生活には支障がないものの、精神的な重圧がかかったときに、自分の子どもに虐待をしてしまう可能性がある人：3分の1

・虐待せずに子育てができる人：3分の1

虐待経験のある人全員が我が子に同じように虐待をするわけではありませんが、約7割が虐待を連鎖させてしまう恐れがあるのです。

なお、身体的虐待に関しては、子どもの頃に虐待を受けた経験があるかどうかと、自分の子どもに対する虐待との間に関連性が見られなくなっているという報告もあります。これは近年、世界各国で体罰が禁止され、「しつけのためであっても、子どもを叩いてはいけない」という規範意識が広がっているからではないでしょうか。一方で、性的虐待やネグレクトについては、依然として過去の虐待経験と現在の虐待行為との間に関連が見られるとされています。

マルトリをしてしまう親の脳

マルトリの連鎖を断ち切り、子どもへの悪影響を防ぐためには、マルトリを行ってしまう養育者の脳科学的な基盤とその行動の関係を理解することが重要です。

世界的にも、マルトリを行う親の脳に関する研究報告はまだ数例しかありません。最近の研究の一例として、マルトリ（ネグレクト）を行っている母親の脳画像に関するものがあります。この研究では、25人のネグレクトを行った母親と、23人の一般の母親に対してＭＲＩ検査を行い、比較しました。その結果、ネグレクトを行った母親では、感情や共感をつかさどる脳の部位の容積に変化が見られることがわかりました。

子育てにおいて、感情のコントロール能力は、子どもの難しい行動に直面したとき、養育者がどのように感じ、柔軟に対応できるかを支える重要な力です。また、子どもに対する共感力は、子どものこころの支えとなり、安心・安全を提供するために欠かせません。この研究では、ネグレクトを行う母親は、これらの力が脆弱である可能性が示唆されました。さらに、脳の体積の変化が大きいほど、感情のコントロールが難しい傾向があることも明らかになりました。

また、別の研究では、ネグレクトを行っている母親23人と一般の母親20人を対象にMRI検査を行いました。乳児の泣き顔や無表情な顔に対する脳の反応を調べたところ、ネグレクトを行う母親では、感情や学習、記憶をつかさどる脳の領域で反応が低下していることがわかりました。特に、乳児の感情的なサインに反応することが難しいことがわかりました。具体的には、刺激を自分に関連するものとして識別し、注意を向け、反応する準備をする能力が、ネグレクトを行う母親では十分に機能していない可能性があります。また、大人の泣き顔に対しても同様に反応が鈍く、これは養育という役割にとどまらず、大人同士の社会的関係にも影響を与えている可能性があります。このことから、ネグレクトを行う母親では社会的な能力が脆弱であることが示唆されます。

これらの研究結果は、ネグレクトを行った母親がどの部分で脆弱なのかを明らかにし、乳児からの信号を適切に解釈して反応できるように母親を訓練する介入方法の可能性を示しています。さらに、脳の変化を観察することで、より具体的な医学的介入方法の開発が期待されます。

私たちの研究はまだ可能性を示す段階にありますが、マルトリを行う養育者に運動神経に関連する脆弱性があることが明らかになりつつあります。神経の可塑性（構造的、機能的に変化する特性）を考慮すると、将来的にはこの分野での介入によるマルトリ予防が期待できるかもしれません。今回の研究で驚くべきことに、養育者が自身の子ども時代にマルトリを経験した度合いが高いほど、運動神経に関連する脆弱性も高い傾向が確認されました。つまり、養育者自身のマルトリ経験と運動神経の脆弱性には関連が見られたのです。これは、マルトリが世代を超えて影響を及ぼす可能性を示す新たなエビデンスです。

養育者の脳の特徴がさらに明らかになれば、脳に直接アプローチする予防や治療が可能になるかもしれません。もちろん、養育者に対する心理的支援や環境の調整も重要ですが、脳に対する直接的なアプローチができることは、今後のマルトリ対策において大きな希望となるのではないでしょうか。

ケーススタディ　子育て困難の連鎖

４歳のＥくんを連れてやってきたお母さんは、「とにかく毎日大変なんです。追いかけまわす日々に疲れてしまいました」と言います。

3人きょうだいの末っ子のEくんは一日中テンションが高く、活動的。目を離すと、転んで机の角に頭をぶつけるなど怪我が多いため、保育園でも先生方が常にマークしている状況だそうです。

「この子を追いかけて転んでしまい、足首を捻挫したこともあります」

お母さんにまったく余裕がないのは見て取れました。専業主婦として家にいるものの、3人の子どもを一人で育てているワンオペ育児です。夫は県外に単身赴任中で、実家の両親も仕事をしているため、頼れる人がいません。

実はこれまで何度か保育園から児童相談所に連絡がいっていました。最初は、お母さんがEくんを蹴って怪我をさせたときです。園庭で「もう家に帰るよ」と言っても無視して遊び続けるEくんを引っ張って帰ろうとしたところ、「嫌だ！」と泣きわめいたことに逆上し、蹴り飛ばしてしまったのです。Eくんは転んで手足をすりむき、足にあざができました。

お母さんのEくんへの暴力はこれが初めてというわけではありません。Eくんが言うことを聞かずに泣きわめいたりすると、お母さんはどうしていいかわからなくなり、思いっきりお尻や身体を叩いてしまうことがよくありました。自身が子どもの頃に、親から同じ暴力を受けていたからです。父親からは罵声を浴びせられ、母親からは体罰を受けて育ちました。Eくんが泣きわめく姿を見ると自分の過去がフラッシュバックして、抑えることができなくなるのです。

児童相談所の職員と面接をした際には、「かわいそうなことをしてしまいました」とうなだれ、反省している様子だったそうです。

その後も、夜にEくんが一人で歩き回っているのを保育園の先生が見かけ、警察に通報したこともありました。地域の自治体や子育て支援窓口からは、たびたびヘルパーを紹介したり、お母さんが捻挫をした際には、子どもを一時的に預かるサービスを提案したりしましたが、そのたびに「必要ありません」と断られてしまいました。お母さんには援助を受ける意思がないのです。Eくんのお母さんに限らず、マルトリによるトラウマを経験した親は、なかなか他者に頼ることができません。困ったときに助けを求めたり、相談したりする行動を「援助希求」と言いますが、その援助希求が乏しいことが多いのです。

しかし、お母さんはうつ病を患っており、心身ともに限界が近づいていました。そんな中、やっと私の診察室に来てくれたのでした。

数回の面談を通じて、Eくんには「睡眠覚醒リズム障害」と「愛着障害」の症状が見られることがわかりました。

【睡眠覚醒リズム障害】

体内時計がうまく機能せず、適切な時間に眠くならないなど、睡眠と覚醒のリズムが乱れて日常生活に支障をきたす状態を指します。４歳のEくんの場合、本来なら１日に10〜13時間程度の睡眠が必要で、朝６時に起きるとすれば、夜は20時前に寝るのが理想です。ところがEくんはなかなか寝つけず、23時頃になってようやく眠りにつく状態でした。

【愛着（アタッチメント）障害】

Eくんは多動の傾向があり、落ち着いてじっと座っていることが難しい状態です。部屋の中をあちこち歩き回っては、気に入らないことがあると泣いて抱っこをせがみます。ところがお母さんは感覚過敏なところがあり、Eくんの泣き声が極端に苦手です。また、スキンシップも苦手で、Eくんが赤ちゃんの頃から、ほとんど抱っこをしてあやすことをしてこなかったそうです。

Eくんと話をすると、きちんと視線を合わせて会話ができます。発達検査の結果、知的レベルは高いこともわかりました。ただ、お母さんとの間で愛着（アタッチメント）が十分に形成されなかったため、Eくんのこころが不安定になり、脳神経の発達にも影響が出ている可能性があります。

睡眠覚醒リズム障害については、入眠を助ける薬を処方しました。子どもに睡眠改善の薬を飲ませていいのかと驚かれる方もいらっしゃいますが、子ども用の薬がありますので、医師の指示に従って適切に使用することは問題ありません。睡眠はとても重要で、早寝早起きのリズムを整えることで、子どもの落ち着きも出てくるはずです。

また、診断書を作成して、Eくんに適した支援を行うために、加配保育士（特別に配置された保育士）をつけ、関係機関と連携して見守る体制を整えました。

お母さんには、うつ病の症状が見られるため、精神科を受診し治療を受ける必要があります。治療を促すとともに、お母さんへの養育者支援も行っていくことにしました。お母さん自身が子どもの頃にマルトリを経験し、そのことがトラウマとなっています。

そのトラウマを適切にケアし、健全な精神状態で子育てに取り組めるよう支援していくことが大切です。

第三章

傷ついた脳を癒やし、マルトリを予防する

脳とこころを癒やす治療

長い間、一度傷ついた脳は元に戻すことができない、回復できないと考えられてきました。しかし、最近の研究では、傷ついた脳は適切な治療とケアによって回復できることがわかってきています。

ここで、マルトリを受けた子どもへの治療とケアについて触れておきましょう。

マルトリを受けている子どもをケアするためにまず必要なのは、子どもの「安心」と「安全」を確保することです。不安定な環境にいる子どもに対して、いくら治療を行っても、その効果が脳とこころに届くことはありません。場合によっては、児童養護施設などで子どもが安全かつ安心して生活できる環境を整えることも必要になります。

そのうえで、次のようなケアの方法を取り入れていきます。

□薬物療法

抑うつ状態に対しては抗うつ薬、睡眠障害や集中力の低下、ささいなことでイライラする症状に対しては抗不安薬や抗精神病薬が効果的です。また、衝動性やパニック症状に対しては非定型抗精神病薬が効果を発揮します。これらの薬は、子どもの体重に応じて少量から慎重に投与するのが原則です。いずれの薬も、心理療法と併用することで、より効果的な治療が期待できます。

□心理療法

主に「トラウマに対する心理療法」と「愛着に対する心理療法」の二つに分かれます。

トラウマに対する心理療法では、まず支援者が子どもとの信頼関係を築き、情緒の安定を図ります。その後、トラウマとなった過去の出来事を客観的に捉え直せるよう援助をしていきます。繰り返し「あなたは悪くないよ」、「自分を責めなくていいんだよ」というメッセージを伝え、子どもの「自分が悪い」という歪んだ認知を修正していきます。

愛着に対する心理療法では、子どもが愛着について学び実感できる環境を整え、愛着の再形成を目指します。必要に応じて、児童養護施設や里親制度、特別養子縁組などの支援制度を活用します。子どもが「そばにいるこの人は、安心できる存在だ」と感じられるように適切な関係を築いていきます。

□遊戯療法

描画や箱庭療法、人形やぬいぐるみを使ったごっこ遊びを通して、トラウマや苦しみを表現し、解放する方法です。このアプローチは、まだ十分に言葉を操れない幼い子どもだけでなく、なかなか人と打ち解けられず、言葉で感情を表現することが苦手な子どもに特に効果があると言われています。支援者は、子どものこころの状態を理解できる上、自己治癒力を高めるサポートができます。

マルトリは脳という「器質」だけでなく、「こころ」という精神的な働きにも影響を与えます。そのため、これら二つの側面を念頭に置いてケアを行うことが大切です。薬物療法や心理療法を組み合わせながら、症状や治療の段階に応じて適切に対応していきます。

安定した環境が子どものメンタルヘルスに与える影響

安定した環境に保護され施設に入所している子どもは、社会的なコーピング能力（ストレスに対応する技術）が高まると、翌朝のコルチゾール分泌が抑えられるのでしょうか？　私の研究室では、これを確認するために、子どもたちの唾液中のホルモンを測定する実験を行いました。

図14　安定した環境が子のメンタルヘルスに重要

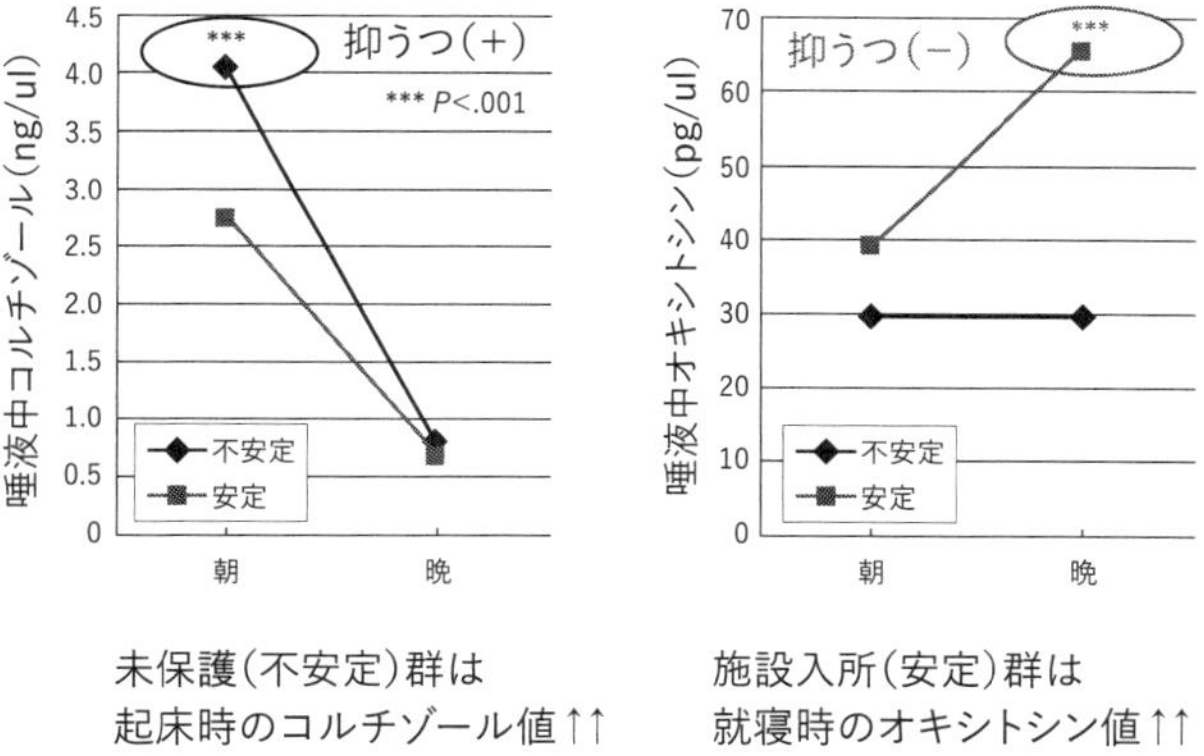

（出典）Mizushima Setal(2015)

その結果、安定した環境に保護された施設入所児（安定環境群）にはうつ症状が見られませんでした。一方で、不安定なマルトリ環境に置かれていた子ども（未保護群）には、うつ症状が確認されました。また、過去にマルトリを経験したものの、現在は安定した養育環境に置かれている子どものコルチゾール（副腎皮質から分泌されるストレスホルモン）値は、定型発達児とほぼ同じ水準に達していることがわかりました。また、施設入所（安定環境）群は、就寝時の唾液中のオキシトシン（下垂体後葉から分泌され、愛情や絆の形成、ストレス緩和にも関与するとされています）値が未保護群に比べて有意に高い値に改善していました。

これらの結果から、安定した環境が子どものメンタルヘルスにいかに重要かを示す生物学的なエビデンスが得られました。

トラウマ治療に有効なEMDR

マルトリによって傷ついている子どもへのケアだけでなく、親へのケアも大切です。親自身が子どもの頃にマルトリを受けており、癒やされていない傷があるからマルトリの連鎖が起こっているケースは多いのです。

現在、トラウマ治療に有効だとして大変注目を集めているのがEMDRという技法です。

EMDR（Eye Movement Desensitization and Reprocessing：「眼球運動による脱感作と再処理法」）とは、1989年にアメリカの心理学者フランシーン・シャピロ氏によって開発された、比較的新しいトラウマ治療法です。

厳密には八段階に分かれていますが、とりわけ特徴的なのは目を左右に動かしながら、トラウマとなった体験を整理していくというアプローチです。具体的には、セラピストが対象者の前で指を左右に振り、対象者はその指の動きを目で追います。すると、脳はレム睡眠の状態に近づいていきます。レム睡眠とは浅い眠りで、眼球は左右に動いていることからRapid Eye Movement：ＲＥＭ睡眠と名づけられ、その間、脳は記憶を整理していると考えられています。つまり、眼球を左右に動かすことで対象者を半ば眠ったような状況下に置きながら、過去の辛い経験を思い出させ、整理していくのです。

人間のこころには、過去の思い出したくないような辛い経験も、冷静に思い出すことができるようになる仕組みが備わっています。ただ、そうなるためには何年もの歳月が必要であるのが普通です。ＥＭＤＲは、長い時間が必要なこころの回復プロセスを短時間で行う点が画期的です。しかも、レム睡眠状態の脳の中で、トラウマ経験を遠い記憶のように感じながら言語化し、整理していきますから、通常の状態でトラウマ体験に向き合って言語化していくことに比べて、ストレスが少なくて済みます。

ただ、年齢の低い子どもの場合、辛い体験を言語化すること自体が難しいため、明らかな効果はまだ立証されていません。そこで、特に子どもに対して応用した「バタフライハグ」という技法があります。過去の辛いマルトリ体験に意識を向けながら、約20秒間、左右の肩を交互に、リズミカルに自分で叩いていきます。これをタッピングと呼んでいます。タッピングが終わったら深呼吸をし、自分の感情がどう変化したかについてセラピストと話し合います。少しずつ繰り返していくと、過去の体験を穏やかな気持ちで振り返ることができるようになっていくのです。

簡易EMDR(TSプロトコル)でも効果がある

このようなEMDRですが、日本ではトレーニングを受けた専門家がまだ少ないのが現状です。また、日本でトラウマ治療を受けることができたとしても、自由診療の扱いになるため、どうしても高額になってしまう問題がありました。マルトリを繰り返してしまう親御さんに対し、必要だと思っても治療につなぎにくいのです。貧困が背景にあってマルトリをしている人に「〇万円で治療を受けてください」とはとても言えません。

そこで、私たちが取り入れているのが簡易EMDR（TSプロトコル）です。呼び名の通り、EMDRの仕組みを使いながら子どもから大人まで簡単にできるようにしたトラウマ治療法です。開発したのは、長年子どものこころの疾患に向き合ってきた医師の杉山登志郎先生。特徴は、身体的不快感にアプローチをしてフラッシュバックを取り除いていくことで、短時間でできるので負担がありません。

フラッシュバックとは、ふとした瞬間に過去の辛い記憶がよみがえり、当時の心身の状態になることです。何年も前の出来事であっても、まるで「いま」起きているような感覚になるのです。

たとえば、子どもの頃に身体的マルトリを受けていた人が親になり、我が子をかわいいと思っているのに、子どもが泣きわめくなどしたときに過去の記憶がよみがえることがあります。「いま」自分が殴られているような感覚になり、目の前の子どもを殴ってしまうといったことが起きるのです。

トラウマによるこころの症状が重い人は、特にフラッシュバックが多く起こります。すると、フラッシュバックが起きていなくても、常に胸のあたりに「イヤな感じ」、お腹に「重たい感じ」など身体的な不快感を持つようになります。簡易EMDRは、この身体的不快感を取り除くことで、フラッシュバックも消していくという方法です。トラウマ体験を思い出して言語化するのではありませんから、誰でも簡単にできます。

1回目のセッションでは、モヤモヤなどのイヤな感じのする場所を特定して、そのあたりを両手で交互にパタパタと叩いてもらいます。胸のあたりがモヤモヤしている感じがあるなら、両手を胸の前で交差させて叩きます。20秒ほどリズミカルにタッピングをしたら深呼吸。このときの呼吸は腹式呼吸ではなく、胸郭を大きく動かす胸郭呼吸です。地面から「気」を吸い上げて、頭のてっぺんから抜くイメージで行います。これを1セットとして2～3セット行います。1回目はこれで終了。とても簡単です。

2回目のセッションからは「4セット法」によるトラウマ処理を行っていきます。下から順番に、叩いては深呼吸をするセットを4カ所の部位について行います。

第1セット
肋骨の下のあたりを両手で左右交互に20～30回タッピング→胸郭呼吸
第2セット
鎖骨の下を両手を交差させて左右交互に20回タッピング→胸郭呼吸
第3セット
首の後ろを左右交互に20～30回タッピング→胸郭呼吸
第4セット
両手を交差させ、頭のてっぺんから下に向けて左右交互に20回なでおろす→胸郭呼吸

第1セット

第2セット

第3セット

第4セット

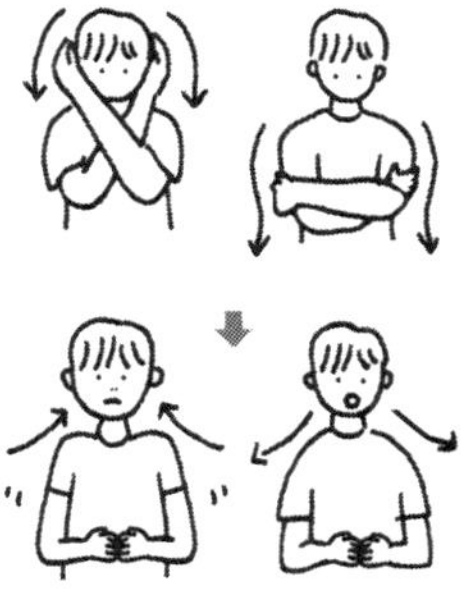

4セットすべて行ってもわずか数分で終わりますが、ほとんどの人が「こころも身体も軽くなった」「スッキリした」という感想を言ってくれます。事実、この簡易EMDRの科学的な効果検証に私も参加しており、効果があることがわかっています。研究では、トラウマ治療が必要な成人患者22名に対し、簡易EMDR（TSプロトコル）を実施。トラウマ関連評価、抑うつ気分評価、機能評価を用いて効果を検証したところ、これら三つの評価指標において改善が認められました。

一度覚えてしまえば、家でも職場でも、座ったままの状態ですぐにできます。道具も必要ありません。素晴らしい方法だと思います。

マルトリによって傷ついた子どもの診療にあたる際は、その親御さんもトラウマを抱えているケースが多いですから、親子の併行治療が必要になります。簡易EMDRは親子ともに同じやり方でできて、短時間で終わるのもいいところです。診察室で行う場合も一家族10分程度しかかかりません。こうしてトラウマの処理を少しずつ行いながら、親子の愛着を修復するための治療を進めることで、親子関係が安定します。親子ともに傷ついた脳が癒やされていくのです。

なお、簡易ＥＭＤＲはマルトリによるトラウマのみでなく、あらゆるトラウマ処理に使える技法です。自然災害、戦争から、家庭や学校、職場での辛い体験……。人間のこころは傷つきやすく、誰でも多かれ少なかれ辛い記憶に苦しむことはあるでしょう。そして、それを克服する力と知恵を持っているのもまた人間です。簡易ＥＭＤＲはさまざまなトラウマ克服の重要な鍵になると考えています。

マルトリを予防する

傷ついたこころと脳を癒やすことは非常に重要ですが、マルトリを予防することも必要です。マルトリによる慢性的ストレスを回避できれば、成長後の病気もこころのトラブルも減らすことができます。

マルトリをなくしたとき、成長後の精神疾患をどのくらい減らすことができるかという研究は複数ありますが、たとえば疾病予防管理センターのロバート・アンダ氏らによる試算（２００６）では、うつ病の54％、アルコール薬物依存の65％、自殺企図の67％を予防できるとしています。

我が国のマルトリによる社会的コストを分析する研究もあります。花園大学の和田一

図15　マルトリがなくなると軽減されるリスク

うつ病	54%軽減
アルコール薬物依存	65%軽減
心的外傷後ストレス障害（PTSD）	50%軽減
自殺企図	67%軽減
薬物乱用	78%軽減

（出典）疾病予防管理センターのロバート・アンダ氏らによる試算（2006）

郎氏の調査によると、マルトリによる死亡・傷病関連、学力に伴う生産性損失、離婚、犯罪、生活保護の項目から算出した社会福祉関連、および医療費等の公的経費は年間1兆6000億円にのぼるとされています（2014年『Children and Youth Services Review』に掲載された論文）。日本では被害を受けた子どもや家庭を長期的にモニタリングした基礎的データが乏しく、マルトリによる医療費のデータベースも存在しないため、推計された数値は実際よりずっと低いといいます。しかし、マルトリに関連して税金から少なくとも1兆6000億円が使われているのですから、社会的コストは大きいと言えます。

子どもの健全な成長は、決して家庭だけの問題ではなく、社会全体として見守るべき課題なのです。

マルトリのサインを見つける

家庭の中で起こっているマルトリは外から見つけにくいものですが、サインはあります。マルトリのサインを早く見つけることができれば、支援機関につなぐなどして、マルトリを予防したり、早い段階でケアをしたりすることができるかもしれません。

たとえば歯科検診は一つのチャンスです。「子どもの歯を見れば、虐待の疑いがあるかどうかわかる」と小児歯科医の先生が複数名おっしゃっているのを聞いたことがあります。言うまでもなく歯の健康を保つには良い生活習慣が重要です。ネグレクトのように好ましくない家庭環境では生活習慣が乱れ、虫歯になりやすいだけでなく、栄養の偏り等で歯の成長も変わります。口腔内の状態が良くなく、虫歯が治療されずに放置されているといった様子が見られれば、学校や児童相談所など関係機関に伝え、必要な支援につなげることが重要です。

眼科検査でマルトリを発見できる可能性

私の研究室では、眼科検査によってマルトリの可能性を発見できるかもしれないという新たな知見を得ました。これまで、マルトリが脳の特定の領域に影響を与えることが報告されていますが、その脳領域に関連する感覚器官の異常については十分に検討されていませんでした。

マルトリ経験のある子ども（マルトリを受けていた年数：平均6・2年、経験したマルトリの種類数：平均1・7）21名と、マルトリ経験のない定型発達の子ども23名を対象に、MRIと眼科検査を実施し、マルトリと視機能の関連性を調査しました。すると、MRI解析の結果、マルトリ経験のない定型発達群と比較して、マルトリ経験のある群では視床の容積が増加していることが明らかになりました。また、マルトリ群では網膜が薄いことがわかりました。さらに、マルトリ群では右の視覚野の容積も大きく、この容積の大きさは両眼の網膜神経線維層（RNFL）の薄さと有意な相関が見られました。つまり、右の視覚野が大きい人ほど、両眼のRNFLが薄いことがわかったのです。これまでにも、マルトリを受けた子どもにおける後天的な脳の発達異常が指摘されてきましたが、今回の研究により、脳だけでなく網膜の感覚器官にも影響が及んでいる可能性が示唆されました。

今回、特に注目すべき点は、網膜の発達に異常が認められたことです。

図16　マルトリ児の網膜厚の異常と脳灰白質容積の関係

Optical Coherence Tomography（OCT）画像　マルトリ児（21名）vs 健常児（23名）

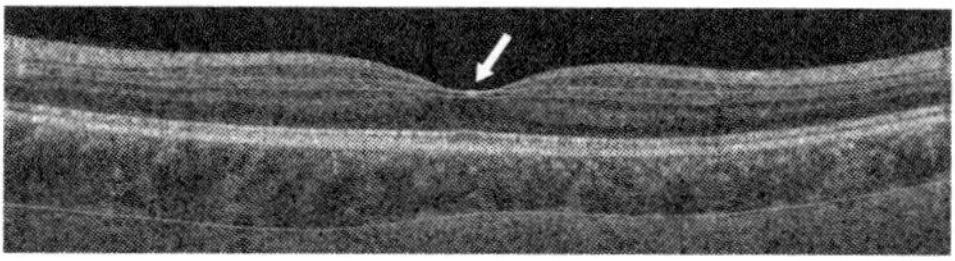

眼底写真（網膜神経線維層）

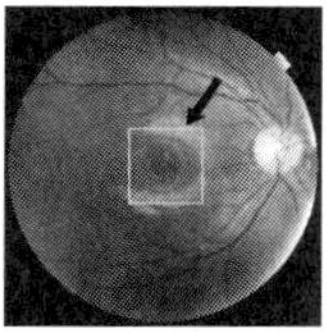

なぜ眼科検査に着目したのかというと、すでにお話ししたように、性的虐待やＤＶ目撃で後頭葉の視覚野が小さくなることを以前の研究で発見していたからです。視覚野が小さくなっているということは視力にも影響があるのではないかと考え、眼科の先生と協力して研究を続けてきました。

　ところが視力や視野には違いは見られませんでした。差があったのは、網膜の形態です。ＯＣＴ（光干渉断層計）という技術を使うことで、光の干渉現象を利用して目の網膜の断層画像を見ることができるのですが、10層ある網膜のうち、特に神経線維層（ＲＮＦＬ）が有意に薄くなっていることがわかりました。

　ＯＣＴ検査は緑内障などの目の病気を早期に

図17　マルトリ児の網膜厚の異常と脳灰白質容積の関係

マルトリ児（21名）vs 健常児（23名）

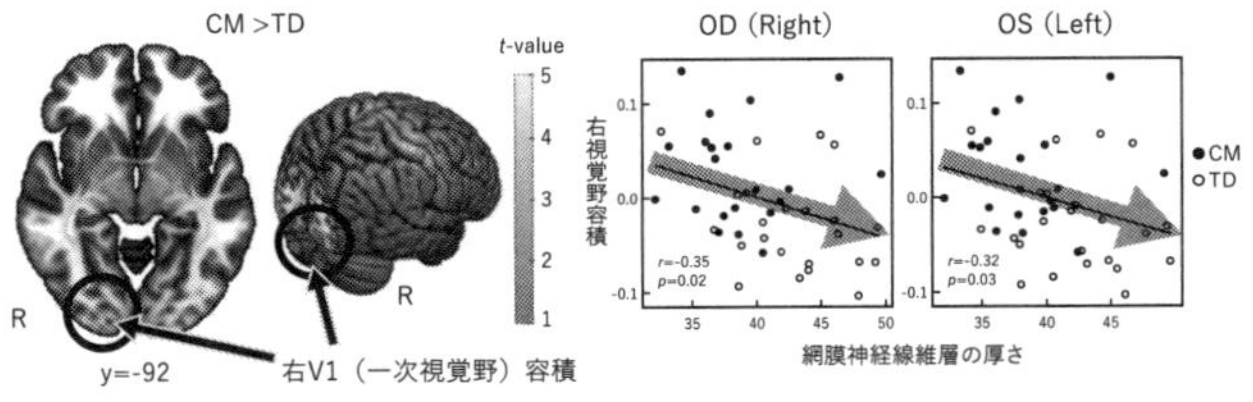

矢印：CM群とTD群における右V1のGMVの構造的差異

（出典）Yao A, Nishitani S, Yamada Y, Oshima H, Sugihara Y, Makita K, Takiguchi S, Kawata N.Y.S, Fujisawa TX, Okazawa H, Inatani M, Tomoda A. Subclinical atypicality of the retinal nerve fiber layer thickness, and the visual pathway gray matter volumes in maltreated children. *Sci Rep*, 20 May, 14:11465, 2024. doi: 10.1038/s41598-024-62392-6

発見するために広く用いられており、検査を受けたことがある方も多いのではないでしょうか。数分で終わる簡単な検査です。ＭＲＩは検査を行う施設が限られている上、費用もかかるため、一般的に利用するのは難しいと思います。しかし、眼科で行う検査ならそこまでハードルが高くなく、比較的手軽に受けることができます。歯科検診と同様に、眼科検査も支援が必要な子を見つける機会となるかもしれません。

　では、網膜の発達が異常であることがどのような影響を及ぼすのでしょうか。視力そのものには問題がない場合でも、視覚的な認知機能に問題が生じる可能性があります。具体的には、目に映った物事を正確に理解・判断したり、記憶したりすることが難しくなることが考えられます。

今後、このような感覚器官に関する知見が蓄積されることで、マルトリによる臨床症状の解明だけでなく、より簡単な方法でマルトリを早期に発見できるようになることが期待されます。

マルトリリスクを事前に察知するプログラム

ここで、マルトリリスクを事前に察知するプログラムをご紹介しましょう。このプログラムは、小児看護のスタッフ伊達岡、研究者の河田、そして私の3名で開発し、特許を出願したものです。

これまで、養育者にマルトリリスクがあるかどうか確認するためには、病院や支援機関等で育児ストレスを測定するのが一般的でした。たとえばアメリカで開発され、日本でも使われている「育児ストレス指標（Parenting Stress Index, PSI）」は、78の質問に「まったくその通り」から「まったく違う」までの五段階で答えてもらうことで育児ストレスを測定するツールです。このツールは、支援が必要なケースを早期に発見したり、援助やプログラムの効果を評価したりするのに役立つとされています。

ただ、この方法は、養育者が「正しく答える」ことを前提としています。中には、実際はストレスを感じていないように回答したり、真の気持ちを隠してしまう養育者もいます。人に頼ることは勇気が要ります。見せかけて回答する養育者の中には、ダメな親だと評価されるのではないかという不安や、自己肯定感の低さにより、人に頼ることが苦手な方もいます。人に頼ることに不安や恐怖、負い目を感じる人もいるのです。しかし、このような養育者にこそ支援の手を届けなければならないのです。「子どもがかわいいし、周囲の人も協力的で、ストレスはまったくない」と見せかけることもありますし、そのように思い込んでいるケースもあります。本人は嘘をついているつもりはなく、ストレスに気づいていないこともあるため、質問紙形式だけではどうしても限界がありました。

そこで、従来のＰＳＩ短縮版（計19項目の日本版PSI-SF）に加え、「表情認知課題」を取り入れ、マトリクスで測定するプログラムを作成しました。「表情認知課題」とは、タブレットの画面に表示される子どもの「笑顔（ポジティブ）」と「普通の顔（ニュートラル）」のイラストから、笑顔のイラストを探し出してボタンを押すというシンプルな内容です。現在、保健師の小森とともに、このスマイルアプリを使った実証試験を地域で実施しています。

図18　表情認知課題

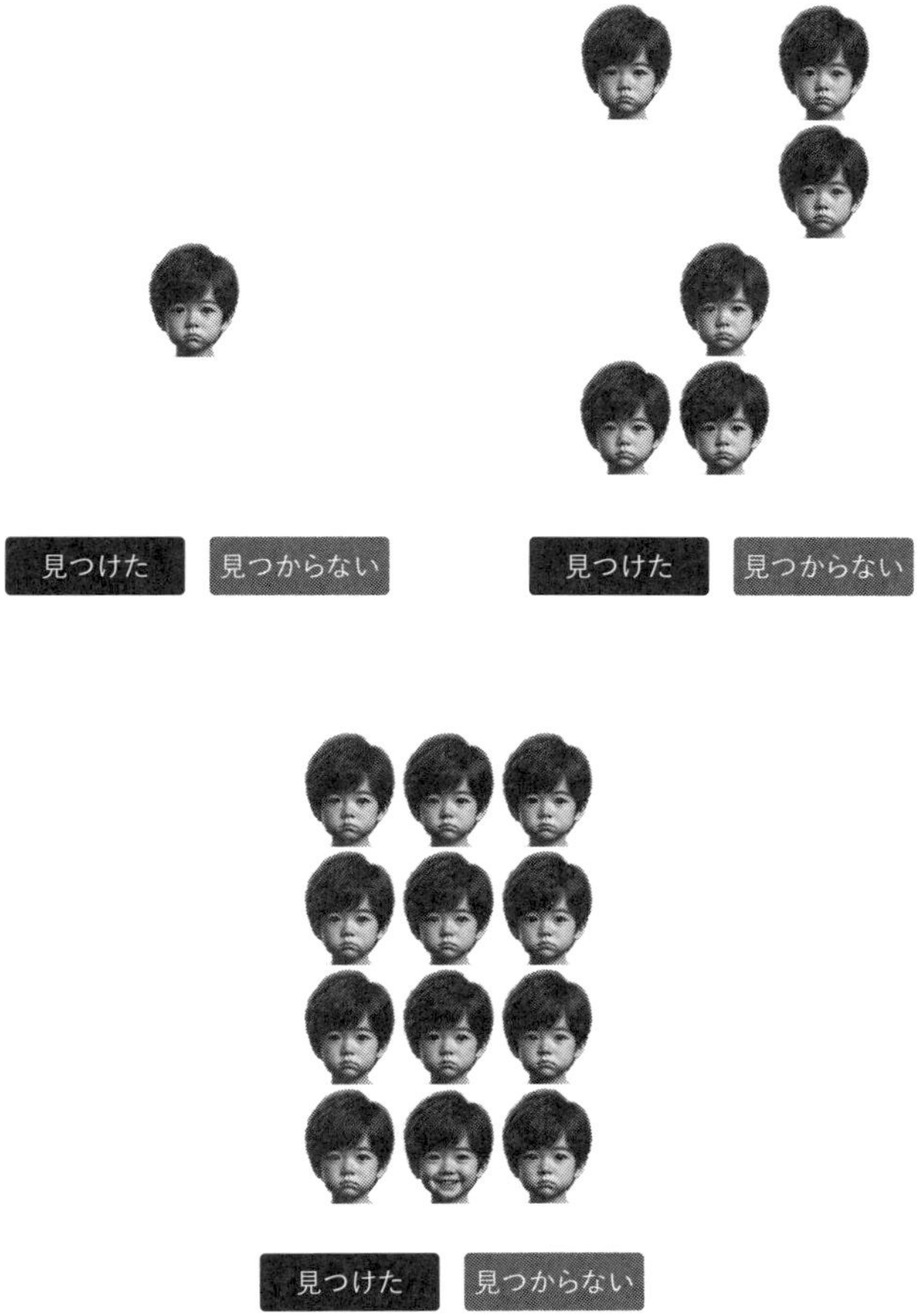

図19　快・不快のターゲット探索の効率性

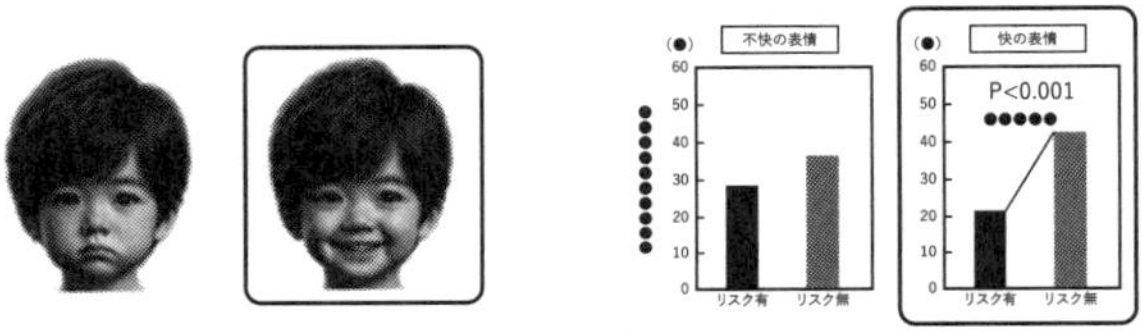

快・不快のターゲットを見つける課題　　快・不快のターゲット探索の効率性

(出典)Shimada K, Kasaba R, Yao A, Tomoda A. Less efficient detection of positive facial expressions in parents at risk of engaging in child physical abuse. *BMC Psychology*, 7(1):56, 2019.

このプログラムは、マルトリリスクのある親が「笑顔の表情」に気づきにくいという研究に基づいています（詳細は『親の脳を癒やせば子どもの脳は変わる』（NHK出版新書）にありますので、関心のある方はそちらをご覧ください）。

子どもが泣いたり怒ったりという「困った表情」には気づくものの、ニコニコと喜んでいる「笑っている表情」には気づきにくいため、相対的に子どもの不快な表情に気づくことが多くなり、叩くなどの行為に至るリスクが高まると考えられます。

PSIと表情認知課題を組み合わせることで、ストレスのレベルとマルトリリスクのレベルを示すチャートが作成できます。

特に画期的なのは「②マルトリリスク高&ストレス低」と「③マルトリリスク低&ストレス高」をスクリーニング

図20　ストレスのレベルとマルトリリスクのレベルを示すマトリックス

		PSI（育児ストレス尺度）	
		高い	低い
表情認知課題	高い	① 要介入	② 要観察A
	低い	③ 要観察B	④ 見守り

できる点です。いまはストレスがあまりないけれどもマルトリリスクのある人や、マルトリリスクはないけれどもストレスが高い人は、どちらも「要観察」になりますが、対応方法は異なります。

①マルトリリスクが高く、ストレスが高い場合：【要介入】【要観察A】と【要観察B】の両方の支援が必要です。

②マルトリリスクが高く、ストレスが低い場合：【要観察A】

1）ストレス認知機能を再確認する必要があります。抑うつが強い場合、自身のストレスを自覚できないことや、質問票に対する理解不足から、いいかげんに回答している可能性があります。

　→精神科や心療内科の医療につなげることが重要です。

2）ストレス状態の回答に偽りがないか確認します。マルトリ経験のある養育者は、支援者を拒絶したり期待しなかったりするため、虚偽の回答をする可能性があります。

↓医師や心理士などによる面接やカウンセリングにつなげる必要があります。

③マルトリリスクが低く、ストレスが高い場合：【要観察B】

高ストレスの要因を確認します。

↓その要因に対処するために、環境調整や対応方法に関するアドバイスを行い、ペアレントトレーニングにつなげます。

④マルトリリスクが低く、ストレスが低い場合：【見守り】

↓リスクは低いと考えられますが、ＰＳＩの回答に虚偽が含まれている可能性や、悩みやストレスを抱えているかもしれない点にも留意しながら見守ります。

単にスクリーニングを行うだけではなく、その後の支援につなげることが重要です。そこで、私たちは支援へのつなぎ方を含むプログラムを作成しました。将来的には、医療の現場をはじめ、支援者（助産師、保健師、子育て支援職員や児童相談所職員など）、さらに当事者にも活用していただきたいと考えています。

私自身の経験を振り返ってみても、子育てに試行錯誤しているときに、自分の苦しさを客観的に見ることは非常に難しいと感じます。外見上、しっかり子育てをしているように見える人でも、実はストレスを抱え、ギリギリの状態であることもあります。しかし、自分で気づかないままだったり、「もう限界です」と言わない限り、周囲には気づいてもらえません。このアプリを試した方々からは、「自分の状態を知るのに役立っている」との声をいただいています。

不安やストレスが強いほど、子育てが困難な家庭になる

一般的にマルトリリスクが低いと思われる普通のお母さんであっても、不安が強まっていたり、育児ストレスを抱えたりしている場合、感覚処理能力が低下することがわかっています。

私の研究室では、就学前の子どもを持つ母親33名（平均年齢35・9歳）にご協力いただいて調査を行いました。その結果、「特性不安」や「育児ストレス」の高さと「感覚処理能力」の低さに相関が見られました。

図21　「特性不安」や「育児ストレス」が高いと「感覚処理能力」が低下する

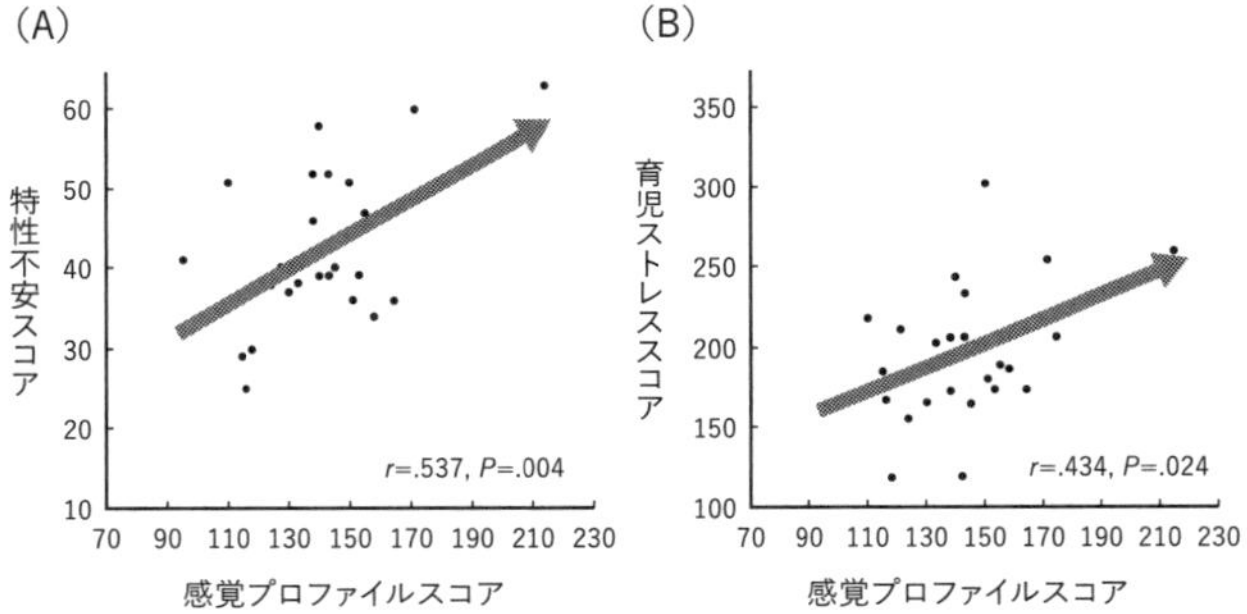

「特性不安」とは、ストレスがかかったときなどに不安になりやすい傾向を指します。ただし、病院に行って不安障害の診断を受けるほどの強いレベルの不安ではありません。診断名はつかないものの、他人の様子に過敏に反応したり、常に落ち着かない、逆に周囲の様子に気づかずボーッとしてしまうこともあります。こうした状態はさほど珍しいものではありません。

　不安になりやすい人や育児ストレスを抱えている人は、感覚刺激に対する反応が過敏であったり、逆に反応しない傾向があることがわかりました。

　さらに、脳を調べてみると、感覚処理能力が低い母親ほど、小脳の左小葉における安静時の脳活動が上昇していました。

**図22　感覚処理能力が低い母親ほど
小脳左小葉の安静時脳活動が増加**

（*n*=33）

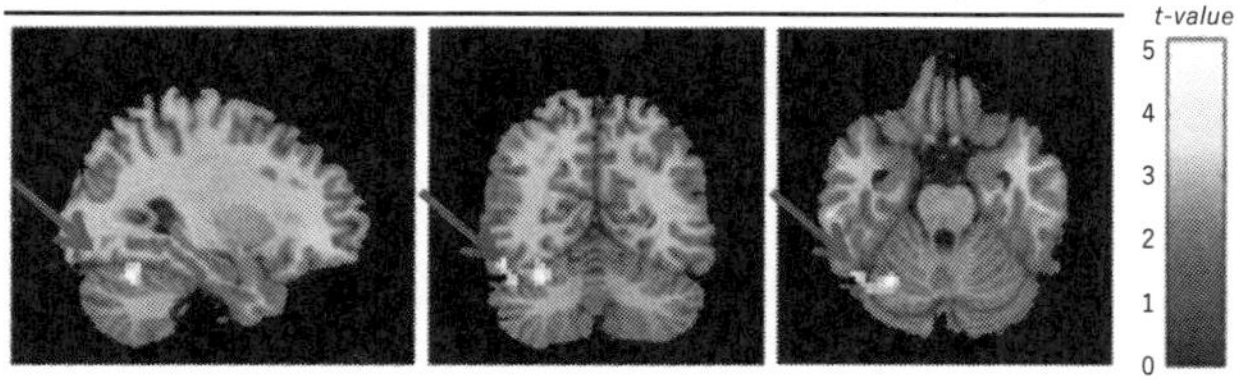

（出典）Sakakibara N, Makita K, Kasaba R, Fujisawa TX, Tomoda A. Increased resting-state activity in the cerebellum with mothers having less adaptive sensory processing and trait anxiety. *J Child Brain Dev*, 14(1):87-103, Nov 30, 2023.

小脳の左小葉は、感覚刺激や感情のコントロールにかかわりのある領域です。この領域が過剰に働いているため、カラ回りして正常な機能を果たせていない状況です。

ここから推察できるのは、「子育て中のストレスや不安が強いと、小脳の情報処理機能が妨げられる」→「必要な刺激を受け取ることができない、または不必要な刺激を除外できない」ということです。そのために、子どもが泣いている様子に過敏に反応してしまったり、子どもの笑顔に気づけなかったりする可能性があるのです。

叩くしつけをするお母さんほど、子どもの表情からポジティブな感情を読み取りにくいことは、すでにお話しした通りです。

特性不安が強い、または感覚処理能力が低い親をスクリーニングできれば、早期に適切な支援をすることで、マルトリを予防できるかもしれません。また、育児ストレスを軽減するための心理教育やリハビリ支援につなげることもできるでしょう。

このように、親の脳を調べることで、マルトリ予防と傷ついた脳の回復に向けての具体的なアプローチが少しずつ明らかになってきています。

ペアレントトレーニングで脳を癒やす

マルトリをしてしまう親の脳も傷ついていることは、もっと広く知られていいことだと思っています。

マルトリを受けた子どものケアが必要なのは当然ですが、親の育児ストレスを取り除き、傷ついた脳を癒やすことも非常に重要なことです。

親の脳を癒やすために、以前からよくご紹介しているのが「ペアレントトレーニング」です。

ペアレントトレーニングは1960年代からアメリカを中心に発展してきたトレーニング方式で、実践的に養育スキルを学ぶ「子育てプログラム」です。略して「ペアトレ」

と呼んでいます。当初は、発達障害の子どもを持つ親に向けた子育てトレーニング法として導入されていましたが、現在は、子育てに不安のある親をサポートするものとして広く活用されています。

正規のペアトレは、専門のスキルを持った支援員が親とセッションを1～2週間に1回の割合で合計10回程度行うのが基本です。1対1の場合もあれば、複数人で行うこともあります。日々の子育ての中で起こる問題への対処を学び、子どもが健やかに成長していくための具体的なスキルを身につけていきます。

たとえて言うなら受験における「傾向と対策」です。高校受験や大学受験では、押さえておくべき基本事項は一通り学んだ上で、志望校の傾向をつかみ、対策を練っておきますよね。子どもの発達も年齢に応じて課題があり、共通して知っておきたい子育てスキルがあります。そのうえで、それぞれの子どもには個性や特徴がありますから、その子の傾向をつかんで対策を考えておくのです。

たとえば、スーパーマーケットに一緒に買い物に行ったとき、「このお菓子を買って！」と騒いで、買ってあげないとそこから一歩も動かない子がいるとします。お母さんはイライラして子どもの頭を叩き、泣きわめく子を無理やり引っ張って連れ出しながら「もう二度と買い物に連れてこないからね！　あんたみたいな悪い子は一人で家にいなさい！」と言ってしまいます。

よくありそうなシーンですが、適切な対応とは言えないのがおわかりかと思います。親子ともにストレスは増加し、子どもの問題行動も改善されることがありません。

そこで、「お菓子を買ってあげないと、騒いで、そこから動こうとしない」という傾向に対して対策をします。

買い物に出かける前に、「今日はお菓子は買わないよ。もし、どうしても欲しいお菓子が見つかったら、騒いだりせずに静かにお母さんに教えてね。それができたら、次に一緒に買い物に行ったときに、そのお菓子を買ってあげられるからね」などと、やってほしい行動をあらかじめ伝えます。そして、一緒に練習をしてみます。

「ここはお菓子売り場です。欲しいと思うものを見つけました。どうする？」

「お母さん、ちょっとこっちに来て。このお菓子が欲しい」

「静かに伝えられたね！　このお菓子だね。じゃあ次に買い物に来たときに買うよ。いい？」

「うん」

このように、問題行動が起こりがちな場面を想定してあらかじめ行動を伝え、練習するのです。それでも実際には「いやだ！　買って！」と騒いだら、深呼吸するなどして落ち着かせ、「さっき練習したよね」と思い出させるようにします。練習した通りにできたらたっぷり褒めてあげましょう。

これは一つの例ですが、専門の支援員に相談しながら実践的なスキルや知識を得ていくことによって、親は育児に自信をつけ、自己肯定感を上げていくことができます。

私の診察室に来ているお母さんにペアトレを受講していただいたあと「やってみてどうでしたか？」と聞くと、「セッションを受けるたびに自信がつきました。普段の子どもの行動に対して、『きたきたきた！　対策を考えておいたやつだ』って思うから、落ち着いて対処できるんです。受験のときの傾向と対策みたいなものですよ」と教えてくれました。実は「傾向と対策」は、このお母さんの言葉なのです。それまでは、頑張りたいと思ってもうまくいかずとカラ回りし、自信をなくしたり不安に襲われたりしていたのが、「前向きな子育て」に変化したことがよくわかりました。

ペアトレのポイント

ペアトレについてもう少し見ておきましょう。
ペアトレの大まかな流れは次のようになります。

①子どもの目線に立ちながら、遊びを共有する
子どもの遊びに肯定的にかかわり、楽しい時間を共有することで良好な関係を築いていきます。

②保護者自身が子どもの好ましい行動を認識し、好ましい行動を褒める
子どもにどういう行動をとってほしいと思っているのか、保護者自身が認識します。「挨拶をする」「学校から帰ったらすぐに宿題をする」「片付けをする」などです。子どもがこれらの好ましい行動をしたときには必ず褒めるようにします。

学校から帰ってすぐに宿題をやり始めた日には「すぐに宿題を始めることができてすごいね！　先にやってしまえば遊ぶ時間が増えるし、わからないところがあっても、ゆっくり解決できるから安心だね」などというように褒め、好ましい行動を増やすように

していきます。

③好ましくない行動はスルーし、好ましい行動を待つ。そのあと褒める

反対に、好ましくない行動は無視します。「ダメじゃないの！」「どうしてできないの？」などと言いたくなるかもしれませんが、何も言いません。実は「叱る」などの否定的な注目も、その行動を増やしてしまう場合があるのです。ですから、無視をして好ましい行動をとるのを待ちます。親にとってここがもっとも大変な部分でしょう。忍耐力が試されます。たとえば学校から帰ってきて漫画を読み始め、ダラダラしている姿を見て「宿題やったの？　先に宿題をやりなさいって言ってるでしょ！」と言うのではなく、目線を合わせず上手に無視します。そして、宿題をやり始めたときに褒めます。

④許しがたい行動には警告と制限（リミットセッティング）、罰

子ども自身の命にかかわるような危険な行動や、人を傷つける、ものを盗む、周囲に迷惑をかけるなどのやってはいけない行動に対しては警告する必要があります。「これ以上はやってはいけない」という制限を設け、守れなければ罰を与えます。もちろん体罰はいけません。「遊ぶ予定のキャンセル」「一定期間スマホ利用の禁止」などのペナルティを用意します。

⑤事前に予測を立ててから言動を行う

事前に子どもの行動を予測し、それに対してどう対処するか、声かけをするか対策を考えておきます。そのときどきで感情的に叱ったり褒めたりするのではなく、タイミングやコツを学んだ状態で、効果的に叱る・褒めるようにします。子どもの発達や心理について専門の支援員がアドバイスをくれますので、あわてずに自信を持って言動を行えばよいのです。

このような流れを基本にしながら、幼児期、学童期、思春期とそれぞれの発達期に応じた対策法を考え、実践していきます。

ADHD、ASDのように発達障害の子はその特性によって親が苦労することが多いため、特にペアトレが推奨されます。ただ、どんな子でも大なり小なり特性はあるものです。少しでも子育てに困難さやストレスを感じている人、不安がある人はどなたにでも受講をおすすめしたいところです。

また、うつ病は珍しいことではなく、就学前の子を持つ母親の7人に1人が臨床的にうつ病と言っていいほどのうつ状態を引き起こすと言われています。周囲に子育てについて相談できる人が少なければ、ストレスは増し、うつ状態に陥りやすくなります。ペアトレを通じて子育ての相談ができるだけでも良い影響があるはずです。

家庭に取り入れられるペアトレのエッセンス

ペアトレは専門の支援員と直接やりとりをし、ロールプレイなどを交えながら進めていくものです。本書ですべてをお伝えすることは難しいですが、家庭の中にすぐに取り入れることのできるエッセンスをいくつか紹介しましょう。

□落ち着きを保つ方法

子どもの問題行動に対して、親が怒りを爆発させてしまうと状況は悪化します。怒鳴る、大きな音を立てる、脅すなど、怒りの表現は一時的には子どもの問題行動を止めるかもしれません。しかし、子どもは「怒りを感じたときは、怒鳴ったり、大きな音を立てたりすればよい」と学んでしまいます。

怒りの感情が沸き上がることを我慢する必要はありません。怒りを感じてはダメだということではなく、怒りを感じたときに「落ち着きを保つ」ようにすればいいのです。

そのためにはまず、怒りを感じる子どもの言葉や行動をピックアップします。「学校に行く支度をせず、家を出る時間になってものんびりとしている」「終了時刻が過ぎてもゲームをやめず、『やめなさい』と言っても口答えする」など、怒ってしまうシーンを思い出してみてください。

次に、その言葉や行動が出たときに自分の中でどのような変化が起きるかを知っておきます。「早口になる」「鼓動が早くなる」「ため息が出る」といったようなことです。これらが怒りを爆発させる前のサインになります。そして、自分が落ち着きを保つための方法をいくつか考えておきます。「深呼吸をして10数える」「席を立って子どもから離れる」「紙にイライラの理由を書き出す」などです。

このように対処法を考えておき、怒りのサインを感じたときに実行します。

この「落ち着きを保つ方法」は親だけでなく、子どもにとっても有効です。子どもが感情的になって、足を踏み鳴らしたり乱暴な言葉で騒いだりしているときに指示をしても聞いてはくれません。落ち着きを保つ方法をいくつか考えておき、たとえば「自分の部屋に行っておいで。落ち着いたらまた話そうね」というように促します。繰り返せば、子ども自身も落ち着きを保つ方法を学んでいくでしょう。

□叱るのは60秒以内に

子どもが良くないことをして、叱る必要があるときは「すぐに、短く」叱るのがもっとも効果があります。時間が経っていると子どもは何について叱られているのかわからないため、行動の直後に伝えたほうがいいのです。かつ、60秒以内に終わらせます。くどくどと長い時間お説教をしても効果がなく、「お母さん（お父さん）が怖い顔をしているのがイヤだ、キツイ口調なのがイヤだ」という印象のほうが強く残ってしまいます。

□褒めるテクニック「耳打ち効果」

褒められた経験は、生きていく上で大きな支えとなるものです。褒められ、認められた経験を積み重ねて、前向きな気持ちや自己肯定感を育んでいきます。子どもを褒めることはとても大事なのです。多くの親は問題行動を正すほうに意識が向きがちですが、その4倍は褒めるようにしたいところ。望ましい行動をしたときに褒めるのはもちろん、子どものいいところを見つけては積極的に褒めるようにします。

子どもに直接、「よくできたね！」と褒めるだけでなく、褒め方のバリエーションを持っておきましょう。特に効果的なのが、第三者との会話の中で子どもを褒め、間接的に子どもに聞かせる方法です。たとえば、子どもが一緒にいる部屋で、お母さんがお父さんに向かって「今日この子が食事の後片付けを進んでやってくれたのよ。すごいでしょう？　嬉しかったわ」と話します。これを「耳打ち効果」といい、直接褒めてから、耳打ち効果で間接的にもう一度褒めることで、子どもの自尊心がより育つのです。

□ポイントカード（トークンエコノミー）

第一章でゲーム時間の制限についてお話ししたように、子どもが良い行動をするたびに1ポイントをポイントカードに貯めていき、カードがいっぱいになったらご褒美がもらえるというものです。ご褒美には「夕食後、家族全員で好きなボードゲームをする」「週末に外食できる」「好きな本を買ってもらえる」など、できるだけお金がかからない親子の触れ合いや親子の時間を作ることで子どもが喜ぶものを用意してあげてください。ご褒美に現金をあげるのはおすすめしません。まだお金の価値がよくわかっていないときにお金をご褒美にしてしまうと、「もっと欲しい」とエスカレートしていくからです。現金ではなく、トークン（独自のポイントなど）を利用したご褒美システムを「トークンエコノミー」といいます。

頑張ったことが目に見える形で積み重なっていくので、子どもは達成感を感じますし、自己肯定感が上がります。

ペアトレの効果は科学的に検証されている

親がペアトレを受講すると、子どもの問題行動は確実に減っていきます。

ペアトレは、「親の働きかけ方次第で、子どもの成長は劇的に変わっていく」という認識に基づいたトレーニング法です。支援員が子どもと直接面談することはなく、子どもとかかわるのはあくまでも親です。親はペアトレのセッションで学んだことや話し合ったことを家庭に持ち帰り、実践してみて、また次のセッションで報告・検討をします。これを地道に繰り返すことで、子どもは変化していきます。

親の子どもに対するネガティブな感情や考え方が変わり、かかわり方が変わると、子どもは本当に変わるのです。

ペアトレの効果については、これまで国内でもさまざまな研究が行われてきました。受講した親のストレスが軽減し、ポジティブに子育てをすることができるようになったという結果が出ています。親の意識や働きかけが変わることで、子どもの問題行動が改

図23　ペアトレによって子どもの認知機能は回復する

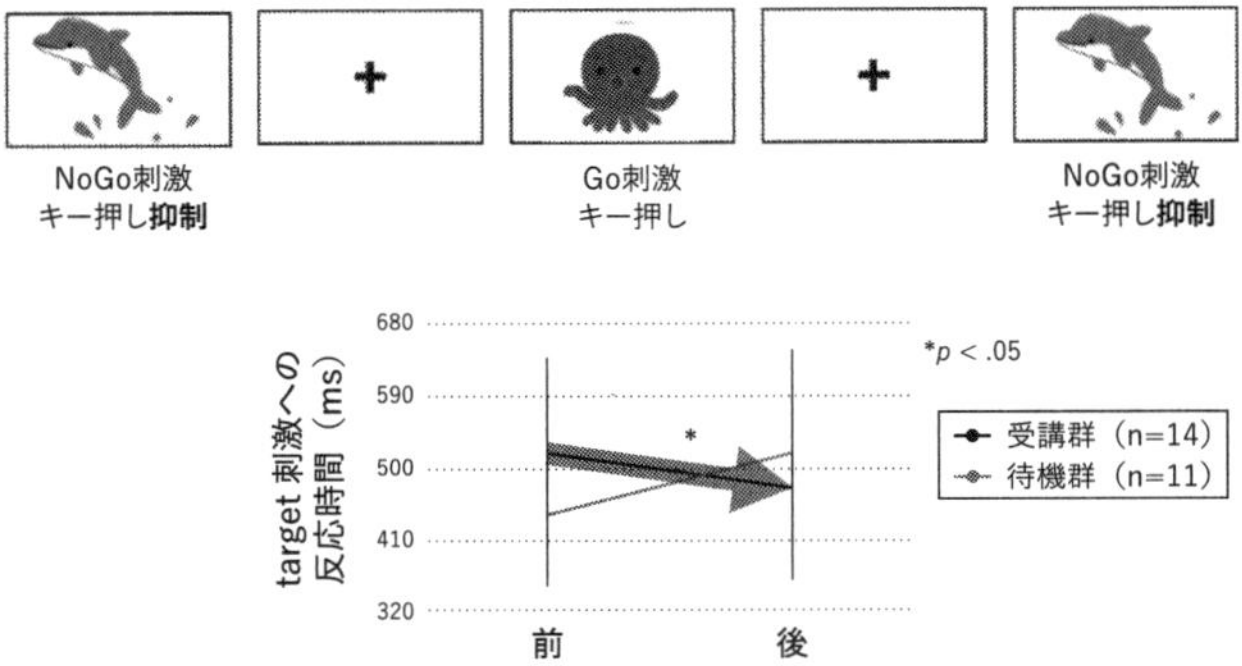

（出典）Yao A, Shimada K, Kasaba R, Tomoda A. Beneficial effects of behavioral parent training on inhibitory control in children with Attention-Deficit/Hyperactivity Disorder: a small-scale randomized controlled trial. *Front Psych*, 13:859249, April 27, 2022.

善したという報告も多くあります。

私の研究室では、ペアトレの効果を科学的に検証することを試みてきました。いくつかご紹介しましょう。

①子どもの認知機能アップ

「認知機能」とは、物事を正しく認識するために必要な機能で、記憶、思考、理解、判断などに影響します。日常生活をスムーズに送る上で欠かせない機能です。

ペアトレを受講した親の子（受講群）と、まだ受講していない親の子（待機群）それぞれの認知機能をペアトレ受講の前後に調べました。

具体的には、パソコン画面に「ターゲッ

ト刺激」と「非ターゲット刺激」の2種類の画像をランダムに表示し、「ターゲット刺激」の画像が表示されたら右ボタン、「非ターゲット刺激」の画像が表示されたら左ボタンをできるだけ早く押すというルールを子どもに伝え、やってもらいます。たとえば「タコ」のイラストが出たら素早く右ボタンを押し、「イルカ」や「カメ」のイラストが出たら左ボタンを押すという具合です。

その結果、受講群の子はボタンを押す「反応時間」が早くなり、待機群の子は遅くなっていることがわかりました。親がペアトレを受講する前と後で、子どもの認知機能にかなり変化があるということです。

ペアトレ受講前後の安静時脳機能の比較

①ペアトレで子どもの脳活動が変化

ペアトレを受講した子どもたちと、待機している子どもたちの安静時の脳を比較すると、受講した子どもたちの小脳の一部が活性化していることがわかりました。小脳は、注意力や実行機能と関連のある領域です。ペアトレを受けた親が、子どもへの接し方を改善したことで、子どもの認知過程における注意機能が向上し、それに伴い小脳の一部が活性化したと考えられます。

②ペアトレで親の脳機能も変化

ペアトレを受講した親の脳にも変化が見られました。ペアトレ受講前と受講後を比較すると、受講後は左脳の上側頭回の活動が低下していることがわかりました。上側頭回は音声処理やコミュニケーションにかかわるところです。ここの活動が低下しているということは、その人がリラックス状態にあることを示します。上側頭回と前頭前野の腹側部のネットワークが落ち着いている人ほど自尊感情が高いという先行研究と併せて考えると、ペアトレ受講後は親の自尊感情が高まった可能性が考えられます。

ペアトレ受講前後の課題時脳機能の比較

また、最新の研究では、ペアトレ受講後の親は、表情認知課題（人の目元の写真を見てその感情を推定する課題）を行っているときに、脳の左の後頭紡錘状回の活動が活性化していることがわかっています。「紡錘状回」は、他人の顔の表情を見て、悲しそうだなとか嬉しそうだなと認識するなど、感情の認知にかかわる領域です。

図24　ペアトレで脳の活性化が期待できる

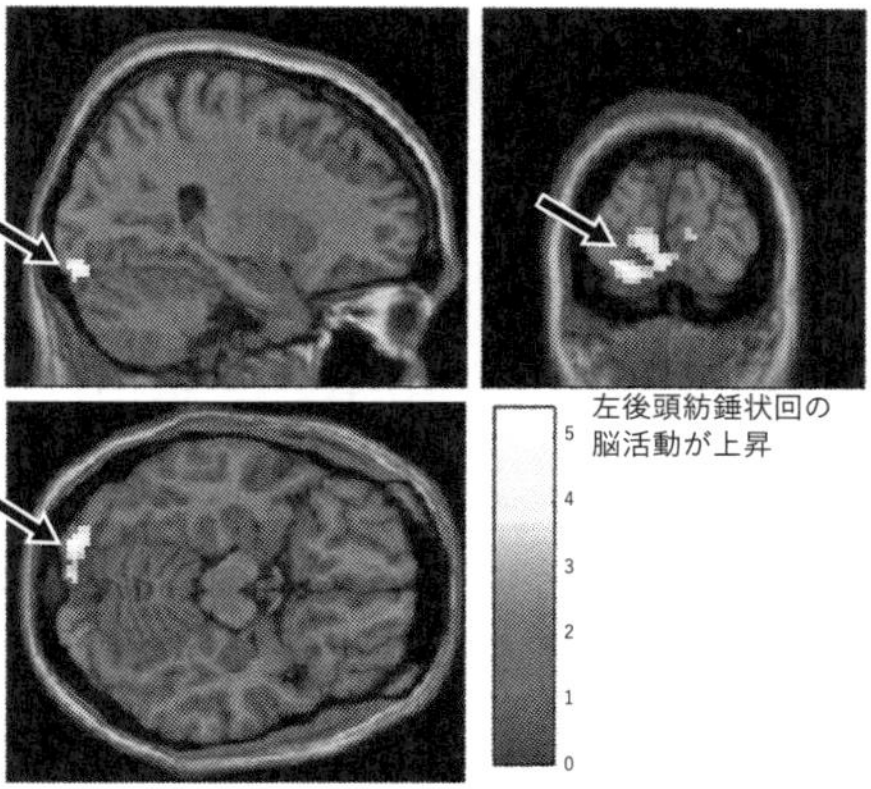

（出典）Makita K, Yao A, Shimada K, Kasaba R, Fujisawa TX, Mizuno Y, Tomoda A. Neural and behavioral effects of parent training on emotion recognition in mothers rearing children with ADHD, *Brain Imaging Behav*, April 20, 2023. doi.org/10.1007/s11682-023-00771-9

ペアトレで親のストレスが軽減されることは質問紙評価等ですでにわかっていましたが、今回、脳の状態を確認したことで、「ストレスが軽減したために脳活動が活性化している可能性」が見えてきました。

沖縄科学技術大学院大学（ＯＩＳＴ）のトリップ教授が主導し、複数の施設と協力して、注意欠如・多動症（ＡＤＨＤ）を持つ子どもの母親を対象にしたペアトレの一つのプログラム（Well Parent Japan：ＷＰＪ）の効果と費用対効果を検証する実践的なランダム化比較試験が行われました。私もこの共同研究チームの一員として、福井での実証試験に参加しました。

その結果、WPJは母親のウェルビーイング（幸福感）、子育てに対する自己効力感、育児スキル、家族の緊張感において、プログラム受講直後および3カ月後の追跡調査で、通常の医療サービスよりも優れていることが明らかになりました。また、WPJは比較的手頃な価格で提供され、ADHDを持つ子どもの家族に質の高い支援を提供するプログラムであると示唆されています。支出に見合う価値がある支援プログラムであることも確認されました。

このように、ペアトレは、親に対してさまざまな効果があることが確認されており、具体的には、親の子育てストレス軽減（癒やし効果）、子育てに対する自信の向上などが挙げられます。また、子どもに対しても、行動の変化（問題行動の減少）や注意力の向上といった効果が確認されています。そして、親子ともに脳の働きに良い影響があると言うことができます。科学的根拠があることで、実際にペアトレを受講する親も安心して、自信を持って取り組むことができるでしょう。

ペアトレは厚生労働省が地域への普及を進めており、行う団体は全国にあります。近年はオンラインでのセッションも増えており、より利用しやすくなっています。関心のある方はお近くの子育て支援団体に聞くか、インターネット検索で調べてみるといいでしょう。

ペアトレを受講したFさんの感想

8歳の息子がよく癇癪を起こすので手を焼いていました。何をするにも遅いのでこちらもイライラして、「支度はまだ？」とか「早く宿題やったら？」と声をかけると、怒って物を投げたりするのです。年齢が上がるにつれ少しは落ち着くのではないかと思っていたのですが、落ち着くどころか、力が強くなってきて危険を感じるようになりました。正直言って、長期休みが憂鬱で仕方ありませんでした。

そんな折、友田先生がペアトレの先生につないでくださいました。結論から言うと、ペアトレで人生が変わりました。受講して本当に良かったです。今年の夏休みは、これまでになく穏やかに過ごせました。

ペアトレで教えていただいたように、息子にはあらかじめ「宿題をするとき、怒って鉛筆や消しゴムを投げたりしたらいったんストップね。怒りたくなったら、寝室に行って落ち着こう」と伝えました。それでも、「宿題しようか」と声をかけただけで怒って筆箱を投げる日もありました。これまでの私なら「投げちゃダメだって言ってるでしょ！」と怒鳴ったり、大きなため息をつきながら筆箱を拾ったりしていたと思います。でも、ペアトレで習っていたので、落ち着いて対処できました。「深呼吸をしてごらん」。まだ落ち着かないと言うので、「じゃあ落ち着くまで寝る部屋に行こうか」と促しました。「いやだ、ここにいる」と言ってソファに横になってしまいましたが、私は感情的になることなく、しばらくしてから「落ち着いた？」と声をかけるようにしました。結局、「落ち着かないけど宿題やる」と言って、多少イライラした様子はありましたが、宿題に向かうことができました。私は「手伝ってほしいところがあったら言ってね」とだけ伝えました。

先日は、自分で早起きをして宿題を終わらせ、「もうやったよ」と言ってハイタッチを求めてきたので驚きました。言わないと動かなかったのに、ものすごい進歩です。

まだ私自身の感情コントロールがうまくいかず、怒ってしまって落ち込むときもありますが、このまま練習をしていけば大丈夫！　という希望を持っています。

終　章

親も子も幸せな子育てに向けて

親自身、褒められた経験が不足している

診察室でさまざまな親子に接する中で、「子どもの治療のために」と訪れている親自身が、子育てに自信を持てていないと感じることが多くあります。それどころか、自分自身のことも「これでいいんだ」と思えていません。親自身が生い立ちの中でマルトリを受けてきたケースが多いこともあり、誰かから認めてもらったり、褒められたりした体験が不足しているのです。

そんな人に「そんなに叱ってばかりでは子どもがかわいそうですよ。もっと褒めてあげてください」と言っても、明日から褒められるようになるはずがありません。それに、どんな人も最初から子育てが上手で悩みがないなんていうことはなく、試行錯誤の中で成長していくものです。誰かがそれを認めて、評価してあげることは必要なのだと思うのです。

ですから、私は親御さんのいいところ、頑張っているところを見つけて積極的に褒めるようにしています。

「お母さん、よく頑張っていますね。一人であれもこれもやって、大変だったでしょ

う？」

「お父さん、お子さんのこういうところに気づいたなんてすごいじゃないですか」

もちろん、一緒に診察室にいる子どものことも褒めます。ささいなことでも我が子を褒めてくれる人がいると親は嬉しいものです。「そうか、こうやって褒めればいいんだ」と思えるようにもなるでしょう。

自分のことも子どものことも認めてもらい、褒めてもらうことを通じて、子育てにも自信が持てるようになり前向きになるのです。

12歳の愛着障害の症状がある男の子を連れてきたお父さんは、当初、息子を褒めることがなかなかできませんでした。息子が3歳のときに離婚して以降、母親が一人で育てていたのですが、過度なマルトリ、ネグレクトがあり、最終的には見捨ててしまったので、お父さんが引き取って育て直しをしようとしていたのです。しかし、息子の問題行動は激しく、気に入らないことがあると包丁を持ち出して「殺すぞ」と言ったりします。

お父さんは思いつめたような暗い顔で受診されました。

「お父さん、大変な子育て、よく頑張っていらっしゃいますね。偉いですよ」

息子さんのこともたくさん褒めました。すると、お父さんは一筋の涙を流しました。

実はそのお父さんも子どもの頃、両親からマルトリを受けており、褒められたことがなく、どう褒めればいいのかわからなかったといいます。

それから私は会うたびに親子を褒めました。お父さんはだんだん息子を褒めることができるようになり、子育てにも自信が持てるようになってきました。以前とは表情が全然違います。息子の問題行動も減ってきていました。傷ついた脳は、回復したのでしょうか？　男の子の脳を解析すると、当初は反応がなかった部分が活性化していることが確認できました。報酬系の活動が低く、達成感を得にくい状態でしたが、ちゃんと活動するようになったのです。やはり子どもの脳は回復するんだ、親が変われば子どもは変わるんだと確信を深めたケースです。

マルトリは子育て困難家庭からのSOS

相談に来られた親御さんには、「私もこんなに失敗してきたんですよ」と自分の失敗談をよくお話しします。「忙しくてイライラして叩いちゃった？　そういうときがあるのわかりますよ。私もやったことあるもの」。本当のことです。偉そうにさとしたり、責めたりできないのです。

むしろ、完璧を目指そうとし、できない自分を責めることのほうが良くありません。子育てを頑張ろうとしてもうまくいかずカラ回りして、子どもの問題行動が増え、どうしていいかわからない……。実際、そんな親御さんは多いです。「大丈夫ですよ。もっといろいろな人に頼っていいんです。私も応援するけど、保健師さんや心理士さんもいてくださるからね。子育てが大変なときに、頼るのは当たり前なんだから」

一人で抱え込まずに、周囲の人や支援者を頼ってほしいのです。

支援をする立場にある人や周囲の人は、「マルトリは子育て困難な家庭のＳＯＳ」なのだと考えてください。

親を責めても解決しない

私のいまの診療スタイルも、いくつかの失敗を繰り返してたどり着いたものです。小児精神科医になりたてだった頃の私は、子どものこころを救いたいという気持ちがカラ回りしていました。傷ついた子どものこころの治療は、薬を出せばいいというものではありません。時間をかけて丁寧に向き合っていく必要があります。治療の成果も見えにくいため、焦りを感じることも多くありました。そして、マルトリによって傷ついた子どもを目の前にし、ときに厳しく親を責めるような言葉を投げかけてしまいました。するとき、相手はこころを閉ざします。せっかくSOSを出してくれていたのに、「相談しても埒が明かないんだ」と落胆し、「もういいです」と去っていきます。「別の病院を探します」とはっきり言われたこともあります。私はショックを受けました。良かれと思ってやっていたことが完全に否定された……。涙が出そうになるのをこらえながら、去っていく親子の背中を見送りました。次第に、診療が憂鬱になっていきました。この仕事は向いていないのではないかと悩み、上司に「もう限界です」と相談をしたこともあります。

家に帰れば、幼い娘たちがいます。娘の笑顔には癒やされるけれど、駄々をこねたり、夜泣きをしたりすることもあります。当時の私はいっぱいいっぱいでした。娘の失敗に、とっさの感情で手をあげてしまったこともあります。衝動的に手が出てしまったことが、自分でもショックでした。

そんな状態だった私が変わるきっかけをつかんだのは、ある女の子の診療をしていたときでした。突然、学校に行けなくなってしまったということで、お母さんと一緒に診察室を訪れたのです。話をよく聞いてみると、学校に行かない娘を立ち直らせようと、お父さんのしつけがエスカレートし、日常的に体罰が行われているとのことでした。

「実は……」お母さんが涙目になって語り始めました。「主人の会社が倒産しそうで、主人はリストラ対象なんです」

はっとしました。マルトリをしてしまう背景に目を向けなければならなかったのです。

「ご主人の話を聞いてあげてください。いますごく苦しんでいると思うから、ご主人を助けてあげて。娘さんは大丈夫、私が元気にしてあげるから」

当時の私なりに全力でアドバイスしました。

その後、お父さんは無事に再就職することができ、家族に平穏が戻ると同時に、娘さんは学校に行くことができるようになりました。

それ以来、私は子どもだけではなく親御さんにも向き合い、家族全体を励ます立場にあるのだということが明確にわかったのです。

マルトリへの早期介入と予防のために

これまでお話ししてきたように、マルトリによって傷ついた脳は回復できます。特に子どもの脳は柔軟ですから、早く適切に対処するほど、回復する可能性が高まります。

ほぼ成長を終えた大人の脳も修復は可能ですが、治療はできるだけ早いに越したことはありません。一日も早く適切な治療を受けることで、脳とこころの回復スピードは変わってきます。

しかし、過度の身体的マルトリでなければ、その傷は目に見えにくく、見過ごされてしまうことが多くあります。マルトリでしてしまう親自身も、さまざまなストレスを抱え、いっぱいいっぱいになり、「助けて」を言える余裕がなくなっていることも多いのです。特に親自身が生い立ちの中でマルトリを受けてきた場合、他者に頼ることがなかなかできません。その結果、子育てが「孤育て」になってしまうと、親はどんどん追い詰められていきます。そして、ストレスの矛先が子どもに向かい、生涯にわたって心身を蝕む「脳とこころの傷」を残すことになるのです。

そのため、マルトリで傷ついた子どもへの早期介入という意味でも、マルトリを予防する意味でも、親がもっと気軽に支援を受けられる制度を、日本社会全体で整えていく必要があると考えています。また、医師や児童相談所の職員、保健師、心理士、教師、保育士、地域の子育て支援員などが連携して子どもを見守る仕組みも必要でしょう。「社会全体で子どもたちを育てていく」という視点を持って取り組んでいかなければなりません。

期待したい「孫育て」

ある海外のペアトレのグループには、おじいちゃんやおばあちゃんが多く参加しているといいます。彼らは「孫育て」のためにトレーニングを受けているのです。

少子高齢化社会が加速していく中で、福音となるのは「孫育て」です。子育てがひと段落した世代が積極的にサポートすることで、親世代のストレスが軽減し、次世代を担う子どもたちをより健全に育てることができるかもしれません。

進化論的に見ても、「孫育て」は子孫繁栄の重要なポイントです。

チンパンジーの平均寿命は40～50歳ほどですが、彼らは生涯にわたって子どもを産み育てます。メスは自分の子を育てることを繰り返し、孫を育てることはほとんどありません。

一方、ヒトは50歳頃になると閉経を迎え、子どもを産むことはできなくなります。仮に80歳まで生きるとすると、「おばあさん時代」が約30年もあります。なぜ、哺乳動物の中でヒトだけが長い老後を過ごすのでしょうか。生物として個体数を増やすのであれば、もっと出産可能期間が長くてもいいはずなのに、そうでないのは不思議です。この謎を説明するのが「おばあさん仮説」と呼ばれるものです。この仮説は、おばあさんが孫育てをする家庭が、進化の上で有利に働いてきたというものです。

2004年の科学雑誌『ネイチャー』に、この「おばあさん仮説」を支持する研究結果が発表されました。フィンランドとカナダの多世代にわたるデータを分析した結果、閉経後に長生きした女性ほど孫の数が多いことが明らかになったのです。つまり、ある年齢に達したら、自分で子を生むよりも、すでに生まれた孫の育児を手伝うほうが、より多くの遺伝子を残すことができるというわけです。また、祖母となった女性の多くが、自分の娘が閉経する頃に亡くなっているという事実も指摘されています。

人類はもともと、おじいちゃんおばあちゃんが子育てを手伝う「共同子育て」が適しているわけです。現代は核家族化が進んでいますが、親だけが子育てを担うのはむしろ特殊な状況です。それなのに、いつのまにか「親が子育ての全責任を負うべき」「親は完璧な子育てをしなくてはならない」といった風潮ができてしまったように思います。

いまは祖父母世代と親世代の間で子育てに対する価値観が違うこともあり、おじいちゃんおばあちゃんが子育てに参加しにくい場合もあるかもしれません。だからこそ、科学的知見に基づくペアトレのような育児法を共有することは、おおいに助けになるのではないでしょうか。

「共同子育て」は子どもの脳の発達を促す

人類にとってはむしろ本流の「共同子育て」のメリットを科学的に証明するため、私の研究室では、親以外の大人たちとかかわりながら育っている子どもの脳機能を調べたことがあります。調査には平均年齢8歳前後の46名の子どもたちに協力してもらいました。

ここでいう「親以外の大人たちとのかかわり」とは、たとえば「祖父母が子育てに参加している」「幼いときから保育園で保育士とも接している」「学童保育などで、親以外の大人とかかわっている」といった状況を指します。調査の結果、集中力や実行機能にかかわる「上頭頂小葉」や、感情のコントロールや動機づけに関係する「前頭眼窩皮質」の働きが活発になっており、かかわる養育者の数が多いほど、その傾向がより顕著であることがわかりました。

この結果から読み取れるのは、いろいろな人とかかわりながら育つことが、子どもの脳の成長に良い影響を与え、社会性もよく発達するということです。先行研究が少なく、データもまだ十分ではありませんが、「共同子育て」が子どもの脳の発達を促すことを示すエビデンスの一端を見つけることができています。

マルトリ予防と「とも育て」

しばらく前から私は「とも育て®」を提唱しています。すべての大人が、次世代を担う子どもたちに寄り添う、ともに子育てをすることを意味しています。「共同子育て」をよりカジュアルに言いやすくした言葉なのです。虐待を含む不適切な養育を「マルトリ」と言い換えることで相談のハードルが下がるように、言葉の持つパワーは侮れないと思ってこう言っています。

「とも育て®」に向けて私たちができることの一つとして、2023年に行ったのが「マルトリ予防士®」の育成です。6名の講師によるオンデマンド講座で、私も「マルトリ予防®」と「とも育て®」というテーマでお話ししました。全6回の講座を修了した希望者410名が「マルトリ予防士®」の資格を得ました。受講してくれたのは、子育て支援にかかわる人から一般の方、学生さんなどさまざまです。参加者一人ひとりが「とも育て®」

の担い手であり、それが「マルトリ予防®」につながるというお話をさせていただきました。

本書をお読みくださっている方も、「マルトリ予防®」と「とも育て®」についてすでにマスターしたと言えるのではないでしょうか。

詳しくは、「マルトリ予防®」の公式WEBサイト（marutori.jp）をご覧いただければ、私たちが開発した「マルトリに対応する支援者のためのガイドブック」など啓発資料が豊富にそろっています。無料でどなたでもダウンロードすることができ、勉強会等に使っていただけますのでぜひご覧になってください。

▼マルトリ予防WEBサイト「防ごう！まるとり」
https://marutori.jp/

今後さらに「とも育て®」を広められるよう、社会的な教育活動を続けていきたいと考えています。

子どもを「医療」×「福祉」で支える社会のために

現代社会では、少子高齢化がますます加速しています。令和5年の調査によると、出生率は1・20まで低下し、産後うつの発症率は9・7%に達しています。また、令和4年には子ども虐待への対応件数が21万件を超えました。さらに、子どもの学習意欲の低下や、思春期に多く見られるこころの病気の増加も深刻な問題となっています。加えて、現代日本では、子どもや子育て世帯の孤立・孤独が進み、社会問題として深刻化しています。こども家庭庁が設立され、子育て支援が虐待予防の一環としてさまざまな取り組みを行っているものの、労働力や予算の不足など、依然として課題は山積しています。このような時代だからこそ、子どもを健やかに育むためには、「医療」と「福祉」の連携が欠かせません。

今夏、私は縁あって南太平洋の島国サモアを訪問しました。サモアでは、全人口の半数が18歳未満の子どもです。若い親たちは共働きや、外貨を稼ぐために出稼ぎに行くことが一般的です。そんな家庭を支えているのが「共同子育て（とも育て®）」の仕組みです。日本が経済成長と引き換えに失ってしまった伝統的な「共同子育て」が、サモアでは今も根強く残っており、血縁の有無にかかわらず、地域全体で子どもを育てる文化が根付いています。この訪問は、日本が参考にすべき途上国の子育て環境について大きな気づきを得る貴重な機会となりました。我が国においても、子どもだけでなく、祖父母や親、兄弟など家族全体に対して重層的な支援が必要とされる時代になっています。地域全体で子どもを一緒に育てていく「とも育て®」の考え方が重要です。そして、私たち一人ひとりがこの「とも育て®」の担い手であると考えます。

これからの里親制度に期待すること

我が国は、里親委託を全体の半数以上にすることを目指しています。そのため、里親さんたちには、社会的養育の趣旨に基づき、「子どもを中心に大きなチームで『とも育て®』をする」という考え方を理解していただきたいです。というのも、里親の場合、施設と比べて養育する子どもの人数が少なく、交代もできないため、密室的な環境になりやすく、長期間にわたって養育を続けることが非常に難しいからです。

アタッチメント（愛着）の観点から、里親さんが子どもたちにとって「安全基地」になることが求められます。このように、里親制度は同じ養育者として非常に重要な役割を担っているため、ささいなことでもチームで相談できるシステムの構築が不可欠だと考えます。また、里子さんの中には、複雑な家庭環境や虐待の影響で、こころに問題を抱える方が少なくないでしょう。しかし、専門里親の数はまだ不足しており、実際には養育里親さんがこころの問題を抱える子どもに対応するケースが多いと推測します。特に、初めての子育てが特別養子縁組を通じて始まる場合、育児に対する不安が大きくなることが想像されます。さらに、子どもの発達に不安を感じることがその後起こり得るかもしれません。

だからこそ、地域全体で子どもだけでなく、養育里親さんも支えることが大切だと考えます。そのためには、地域にある医療機関、福祉サービス（民生委員や保育園など）、教育機関など、子どもと親にかかわるすべての関係者に、当事者意識を持ってもらう必要があります。これからの社会的養育のあり方について、私たちみんなで議論を深めていくことで、少子化を食い止めることも可能になるのではないでしょうか。

おわりに

「人は幸せになるために生まれてきた」

私は小児科医としてのキャリアが、ちょうど37年になります。約37年前に医学部を卒業し、数カ月の卒後研修を経て、研修医として最初の一歩を踏み出したのは、地方の公立病院の小児科病棟でした。あの頃は希望に満ちていましたが、度重なる失敗に加え、医師としてのスキルが未熟だったこともあり、自信を失うことも多々ありました。それでも、患者さんにできる限り寄り添うことを常に心がけていました。

先日、私が初めて主治医を務めた当時14歳の患者さんが、九州の地方から休暇を利用して福井まで会いに来てくれたのです。彼女は難病を克服し、今では家族に恵まれながら中学校の教師として働き、子育てをしています。

再会した彼女は、こう話してくれました。「私が病気を乗り越えて今も頑張れているのは、明美先生のおかげです。家族と離れて入院治療を始めたとき、心細くてたまらなかった私に、『病気に勝とうとせず、共存していこう』と言ってくださった先生に出会えたことは本当に幸運でした。他の患者さんたちも、きっと一生先生のことを忘れないと思います。またお会いできる日まで、そのときも明美先生に褒めていただけるように、これからも頑張ります」と。

親元を離れ、5カ月にわたる入院生活という大きな試練を経験した彼女にとって、当時の私はまだ頼りなかったかもしれません。それでも、彼女にとって私は選択的アタッチメントの対象となっていたのかもしれない、と感じています。わずか数カ月の担当でしたが、年月が経っても遠方から会いに来てくれる彼女を愛おしく感じ、これからも彼女が毎日を人生で一番輝く瞬間にしていってほしいと強く願っています。

「選択的アタッチメント（Selective Attachment）」とは

選択的アタッチメントとは、子どもが特定の養育者に特別な絆《きずな》を形成する現象を指します。これは、子どもが自分の安全や安心を確保するために、特に信頼できる人物に頼る行動で、その人物を「アタッチメント対象」と呼びます。成長するにつれて、選択的アタッチメントの対象は親に限らず、祖父母や保育士など他の信頼できる大人、さらには友人へと広がることもあります。しかし、幼少期に形成される最初のアタッチメントは特に重要です。

選択的アタッチメントは、後の対人関係の形成や情緒の安定に大きな影響を与えるため、適切な愛情や応答が欠かせません。私は、マルトリが繰り返されることの多い子育て困難な家庭において、親と子どもの双方にとって信頼される選択的アタッチメントの対象となれるよう、今後も尽力していきたいと思います。

また、私は「とも育て®」のビジョンを実現するために、さらに具体的な一歩を踏み出し、本書で紹介したエビデンスが持つ変革の力を、広く多くの人々に伝えていきたいと願っています。そして、虐待を行う親を非難するのではなく、「とも育て®」が当たり前になり、親が子育てを楽しいと感じられる社会を広げていきたいと考えています。

最後になりますが、読者の皆さんにはご理解をいただき、ここで私の大切な仲間や後輩たちに感謝の意を表したいと思います。

わたしをここに至るまで導いてくださった恩師、マーチン・タイチャー先生にこころからの感謝を捧げます。

そして、子どものこころ診療部やわたしの研究室のスタッフ、および院生の皆さん。たくさんの方々が、わたしの研究を支えてくれていることを日々、忘れたことはありません。これからも一緒に歩みを進めていきましょう。

本書の刊行にあたり、「子ども虐待（マルトリートメント）」という重いテーマに関心を持ち、この内容を多くの読者に届けたいと出版の提案をしてくださったSBクリエイティブ学芸書籍編集部の齋藤舞夕さん、小川晶子さんにこころより感謝申し上げます。

それから、愛する3人の孫たちへ。あなたたちがこれから歩む人生には、さまざまな経験と出会いがあるでしょう。それが喜びと実りに満ちたものであることを願っていますが、時には大変なこともあるでしょう。そんなとき、あなたの周りには必ずあなたを支えてくれる人がいることを忘れないでください。そして、困っている人を見かけたら、親切に手を差し伸べてください。この本は、私が長年にわたって培ってきた知識と経験を、一人でも多くの人に役立ててもらいたいという願いから生まれました。あなたたちが成長する世界が、より優しく、より温かい場所になることを心から願っています。

本書を締めくくるにあたり、これまで私が出会ったすべての子どもたちとそのご家族へ、深い愛と感謝の気持ちを込めて贈ります。

令和6年12月1日

参考文献

『新版　いやされない傷』友田明美／著　診断と治療社（２０１２）
『虐待が脳を変える』友田明美・藤澤玲子／著　新曜社（２０１８）
『子どもの脳を傷つける親たち』友田明美／著　ＮＨＫ出版新書（２０１７）
『親の脳を癒やせば子どもの脳は変わる』友田明美／著　ＮＨＫ出版新書（２０１９）
『脳を傷つけない子育て』友田明美／著　河出書房新社（２０１９）
『実は危ない！　その育児が子どもの脳を変形させる』友田明美／著　ＰＨＰ研究所（２０１９）
『トラウマと依存症　脳に何が起きている？』友田明美・廣中直行／監修　アスク・ヒューマン・ケア社（２０２４）
「トラウマと脳の最新研究　孤立とストレスは親の脳に何を引き起こす？」友田明美『Be! １４６号』ＡＳＫ
【こどもの視点ラボ】こどもになって、４メートルの自分に怒られてみた
https://dentsu-ho.com/articles/7751
マルトリ予防ＷＥＢサイト「防ごう!・まるとり」
https://marutori.jp/
Tomoda A et al. (2024) The neurobiological effects of childhood maltreatment on brain structure, function, and attachment. *Eur Arch Psychiatry Clin Neurosci*, 1-20, 11 Mar.
Wakusawa K et al. (2023) Triadic Therapy Based on Somatic Eye Movement Desensitization and Reprocessing for

Complex Posttraumatic Stress Disorder: A Pilot Randomized Controlled Study. *J EMDR Pract Res* (2023).

Fujisawa TX et al. (2019) Oxytocin receptor DNA methylation and alterations of brain volumes in maltreated children. *Neuropsychopharmacology*

Metzler M et al. (2017). ADVerse childhood experiences and life opportunities: Shifting the narrative. *Children and Youth Services Review, 72,* 141–149.

Lahdenperä M et al. (2004). Fitness benefits of prolonged post-reproductive lifespan in women. *Nature,* 428(6979), 178-181.

Anda RF et al. (2006) The enduring effects of abuse and related adverse experiences in childhood: A convergence of evidence from neurobiology and epidemiology. (2006) Eur Arch Psychiatry Clin Neurosci, Apr; 256(3): 174–186.

Kurata S et al. (2024) White-matter structural features of maltreating mothers by diffusion tensor imaging and their associations with intergenerational chain of childhood abuse. *Sci Rep,* 14:5671, 7 Mar.

Sakakibara N et al. (2023) Increased resting-state activity in the cerebellum with mothers having less adaptive sensory processing and trait anxiety. *J Child Brain Dev,* 14(1):87-103, Nov 30.

Wakusawa K et al. (2023) Triadic therapy based on somatic eye movement desensitization and reprocessing for posttraumatic stress disorder: A pilot randomized controlled study. *J EMDR Pract Res,* 17(3), Jul.

Yao A et al. (2024) Subclinical atypicality of the retinal nerve fiber layer thickness, and the visual pathway gray matter volumes in maltreated children. *Sci Rep,* 20 May, 14:11465.

Yao A et al. (2022) Beneficial effects of behavioral parent training on inhibitory control in children with Attention-Deficit/Hyperactivity Disorder: a small-scale randomized controlled trial. *Front Psych,* 13:859249, April 27.

Makita K et al. (2023) Neural and behavioral effects of parent training on emotion recognition in mothers rearing children with ADHD, *Brain Imaging Behav*, April 20.

Matsumura N et al. (2022) Effectiveness of a Parent Training Programme for Parents of Adolescents with Autism Spectrum Disorders: Aiming to Improve Daily Living Skills *Int J Environ Res Public Health*, 19(4), 2363.

Mizushima S et al. (2015). Effect of the nature of subsequent environment on oxytocin and cortisol secretion in maltreated children. *Front Psychiatry*, 6:173;1-9.

Picardi A, Giuliani E, Gigantesco A (2020) Genes and environment in attachment. Neurosci Biobehav Rev. May;112:254-269.

友田明美（ともだ・あけみ）

小児精神科医。医学博士。福井大学子どものこころの発達研究センター教授。熊本大学医学部医学科修了。同大学大学院小児発達学分野准教授を経て、2011年6月より現職。福井大学医学部附属病院子どものこころ診療部部長兼任。2009—2011年および2017—2019年に日米科学技術協力事業「脳研究」分野グループ共同研究日本側代表を務める。著書に『子どもの脳を傷つける親たち』（NHK出版新書）、『新版 いやされない傷』（診断と治療社）、共著に『虐待が脳を変える—脳科学者からのメッセージ』（新曜社）などがある。

SB新書　676

最《さい》新《しん》脳《のう》研《けん》究《きゅう》でわかった
子《こ》どもの脳《のう》を傷《きず》つける親《おや》がやっていること

2024年12月15日　初版第1刷発行

著　　者　友田明美《ともだあけみ》
発 行 者　出井貴完
発 行 所　SBクリエイティブ株式会社
〒105-0001　東京都港区虎ノ門2-2-1

装　　丁
本文デザイン　杉山健太郎
イラスト　須山奈津希
D T P
目次・章扉　株式会社キャップス
校　　正　有限会社あかえんぴつ
編集協力　小川晶子
編　　集　齋藤舞夕（SBクリエイティブ）
印刷・製本　中央精版印刷株式会社

本書をお読みになったご意見・ご感想を下記URL、
または左記QRコードよりお寄せください。
https://isbn2.sbcr.jp/25757/

落丁本、乱丁本は小社営業部にてお取り替えいたします。定価はカバーに記載されております。
本書の内容に関するご質問等は、小社学芸書籍編集部まで必ず書面にて
ご連絡いただきますようお願いいたします。

ISBN 978-4-8156-2575-7